A VIDA É UMA *piada*

THE JAVNA BROTHERS

A VIDA É UMA *piada*

100 histórias divertidas
lições de vida

SEXTANTE

Título original: *Life is a Joke*

Publicado originalmente nos Estados Unidos
sob o título LIFE IS A JOKE: 100 Life Lessons (With Punch Lines).
Publicado mediante acordo com a Workman Publishing Co., Inc., Nova York.

tradução: Alves Calado
preparo de originais: Sheila Louzada
revisão: Luis Américo Costa e Rebeca Bolite
diagramação: Abreu's System
capa: Carlos Miranda / LeYa
adaptação de capa: Natali Nabekura
imagem de capa: Konstantin Remizov/ Dreamstime.com
impressão e acabamento: Associação Religiosa Imprensa da Fé

CIP-BRASIL. CATALOGAÇÃO NA PUBLICAÇÃO
SINDICATO NACIONAL DOS EDITORES DE LIVROS, RJ

I67v
Irmãos Javna
A vida é uma piada / Irmãos Javna ; tradução Alves Calado. – 1. ed. – Rio de Janeiro : Sextante, 2022.
272 p. ; 21 cm.

Tradução de: Life is a joke
ISBN 978-85-431-0997-8

1. Humorismo americano. I. Calado, Alves. II. Título.

20-63576 CDD: 817
CDU: 82-7(73)

Leandra Felix da Cruz Candido – Bibliotecária – CRB-7/6135

Rua Voluntários da Pátria, 45 – Gr. 1.404 – Botafogo
22270-000 – Rio de Janeiro – RJ
Tel.: (21) 2538-4100 – Fax: (21) 2286-9244
E-mail: atendimento@sextante.com.br
www.sextante.com.br

Sumário

Introdução

Qual é a diferença entre uma boa piada e uma ótima piada? As ótimas não fazem apenas rir: fazem pensar.

Há anos nos utilizamos de piadas para transmitir lições práticas aos nossos filhos e amigos. E funciona muito bem. Quando as pessoas riem, se abrem a ideias que provavelmente seriam ignoradas se viessem de alguém dando um conselho "sério".

Um dia, então, percebemos que isso poderia servir de base para um livro – talvez até para um novo gênero: uma combinação de livro de autoconhecimento e anedotas.

Foi assim que nasceu *A vida é uma piada.*

Esta coletânea inclui muitas das nossas piadas prediletas, além de algumas sugeridas por familiares, amigos... e até psicólogos. Talvez você já tenha ouvido algumas (são clássicas), mas apostamos que nunca pensou nelas da forma como as exploramos aqui. Achamos que você vai ficar surpreso ao perceber como são relevantes no dia a dia. Nós ficamos. Muitas vezes nos pegamos citando vários desfechos de piadas para descrever experiências pessoais – do mesmo modo como recitamos falas de filmes ou trechos de músicas.

Na verdade, estas piadas e lições são parte de uma tradição humana universal. Todas as culturas usam histórias breves para transmitir ensinamentos e conhecimento. Esopo, por exemplo, escreveu suas fábulas há 2.500 anos, na Grécia antiga. E há cerca de mil anos os zen budistas começaram a usar parábolas, chamadas de *koans,* para ajudá-los a revelar verdades sobre o mundo. Assim, agora pensamos nas ótimas piadas como *koans* ocidentais.

ALGUMAS DICAS PRÁTICAS SOBRE ESTE LIVRO

1. **Embora as piadas estejam numeradas, não existe uma ordem de leitura nem uma hierarquia entre elas.** (A ideia de numerá-las não foi nossa. Suspeitamos que o editor tenha insistido nisso só para provar que são realmente 100.)

2. **Se você é do tipo que precisa começar pela primeira página, tudo bem.** Para os que não são, uma boa notícia: o livro foi feito de modo que você possa começar a leitura por qualquer capítulo. Cada piada/lição de vida é independente.

3. **Sugerimos ler uma piada de cada vez e saborear a experiência.** Primeiro, porque é um bom modo de aproveitar ao máximo seu dinheiro: o livro vai durar mais. E também porque assim você vai permitir que seu cérebro absorva por completo cada piada e vai ver como a mensagem se aplica a você.

4. **Lembre-se de não levar este livro (nem *nada*, por sinal) muito a sério.** Afinal de contas, a vida é uma piada.

Irmãos Javna
Ashland, Oregon

1

A força do hábito

"Em geral, as correntes do hábito são pequenas demais para serem sentidas, até ficarem fortes demais para serem rompidas."
– Samuel Johnson

Dois velhos piratas estavam sentados num bar, conversando sobre suas aventuras. Um deles perguntou:

– Vem cá, como foi que você acabou com um gancho de metal no lugar da mão?

– Um dia saqueamos um navio mercante nas Índias Ocidentais. Eu lutei com o capitão e ele cortou minha mão com a espada.

– Fantástico! – exclamou o primeiro pirata. – E como você conseguiu essa perna de pau?

– Estávamos saqueando uma escuna no Haiti e eu entrei num combate corpo a corpo com o capitão. Ele deu um golpe de espada tão forte que decepou minha perna.

– Incrível! E esse tapa-olho?

– Eu estava no convés do navio quando uma gaivota fez cocô na minha cara.

– Foi assim que você perdeu o olho? – perguntou o primeiro pirata.

– Bom, era o meu primeiro dia com o gancho.

LIÇÃO DE VIDA

Ninguém se adapta instantaneamente a grandes mudanças. Acostumar-se a condições novas leva tempo, e é provável que você cometa erros. Mas não precisa acabar igual ao sujeito com o gancho no lugar da mão. Se você reconhecer as mudanças enquanto estiverem acontecendo, poderá minimizar os erros desenvolvendo novos hábitos de acordo com suas novas condições. E vai se surpreender ao descobrir que não precisa de muita força de vontade para mudar um hábito – só de persistência.

MAIS QUE UMA PIADA

A ideia de que são necessários 21 dias para formar um novo hábito é um mito amplamente difundido. No entanto, um estudo de 2009 mostrou que novos hábitos levam, provavelmente, de dois a oito meses para se estabelecerem. Esse mesmo estudo mostrou também que o sucesso em criar novos hábitos depende mais da regularidade das repetições no início, e menos do nível de esforço. Você só precisa continuar. E se você esquecer de vez em quando? Ao que parece, isso não atrapalha o progresso. Formar um novo hábito pode ser razoavelmente indolor e tranquilo se você estiver disposto a fazer o básico. Segundo explica Charles Duhigg em *O poder do hábito*, esse é um processo que acontece em três fases: 1. criar uma deixa (gatilho); 2. escolher uma rotina; 3. aproveitar a recompensa.

Primeiro passo: A deixa é o lembrete para começar. Funciona melhor se você escolher um momento que já faça parte da sua rotina e acrescentar a ela o novo hábito. Por exemplo, se quiser tomar vitaminas regularmente, a deixa pode ser o ato de escovar os dentes. Então você define que todo dia de manhã, antes de escovar os dentes, vai tomar as vitaminas. Ou então, se quiser ler mais, pode estabelecer que todos os dias, quando se sentar para almoçar, vai tirar cinco minutos para a leitura. A beleza disso é que transfere a carga da força de vontade para um sistema de lembrete.

Segundo passo: A rotina é a ação que constitui o novo hábito – nos exemplos dados, tomar vitaminas ou ler. Conselho de especialista: comece com a ação mais simples possível (tome apenas uma vitamina ou leia apenas uma página). Quanto mais fácil for o início, melhor. Siga firme nas repetições e só se preocupe com a qualidade do esforço mais tarde. O mais importante é estabelecer essa nova rotina na sua vida.

Terceiro passo: A recompensa é o benefício ou resultado que você estiver buscando. No início, pode ser só a satisfação de fazer o que você se propôs a fazer. Mais tarde você vai obter o benefício da ação propriamente dita: se sentir melhor graças às vitaminas, ter o prazer de ler um bom romance, emagrecer, etc.

Já foi provado que isso realmente funciona. Basta se esforçar para pôr em prática o método.

2

Solução emprestada

"Eu não fracassei. Só descobri 10 mil maneiras que não funcionam."
– Thomas Edison

Uma mulher rica entra num banco em Nova York para pedir um empréstimo. Diz ao gerente que vai sair de férias e precisa de 5 mil dólares.

– Bom, a senhora tem algo para oferecer como garantia? – pergunta ele.

– Sim. Ofereço meu Rolls-Royce.

– A senhora quer oferecer um Rolls-Royce de 250 mil dólares como garantia para um empréstimo de 5 mil? – pergunta o gerente, perplexo.

A mulher confirma e entrega a chave do carro. Desconfiado, o gerente pede a um colega que verifique os documentos da senhora para garantir que ela é a proprietária legítima. E tudo é confirmado, de modo que o carro de luxo é deixado na garagem do banco e a mulher recebe seus 5 mil dólares.

Duas semanas depois, a mulher volta das férias e imediatamente vai ao banco, onde paga os 5 mil do empréstimo mais 15,41 dólares de juros. O gerente recebe o dinheiro e, quando devolve a chave do carro, diz:

– Foi um prazer fazer negócio com a senhora, mas estamos intrigados. Fizemos alguns levantamentos e descobrimos que a senhora é multimilionária. Então por que precisava de 5 mil dólares emprestados?

A mulher sorri e responde:

– Em que outro lugar de Nova York eu poderia deixar meu carro estacionado por duas semanas inteiras pagando apenas 15,41 dólares e ter a tranquilidade de saber que ele estaria lá quando eu voltasse?

LIÇÃO DE VIDA

Uma das lições preferidas do nosso pai era: "Do jeito convencional, qualquer um pode fazer." Ele insistia na ideia de que para todo problema existem soluções (geralmente simples) que ninguém experimentou ainda. Assim, se você refletir sobre um problema com a mente aberta e sem ideias preconcebidas sobre qual *deve* ser a solução, pode acabar encontrando saídas inovadoras.

MAIS QUE UMA PIADA

Algumas dicas de como buscar soluções "fora da caixa":

- **Faça de conta que o problema é de outra pessoa.** Estudos indicam que quando estamos resolvendo problemas de outras pessoas costumamos ser mais criativos do que quando tentamos resolver os nossos. Por isso, imagine-se dando conselhos a algum amigo que esteja passando por um problema igual ao seu.

- **Vire o problema de cabeça para baixo.** Observe-o de um ponto de vista totalmente diverso. Tente virar o próprio papel em que você está fazendo anotações ou avaliar um objeto ou um plano por um ângulo diferente. Imagine que na verdade seu objetivo é algo menor. Esse tipo de pensamento pode ajudá-lo a enxergar detalhes ou padrões que você ainda não percebeu e que talvez o levem a uma solução.

- **Estude o problema, não a solução.** Dedique um tempo a entender de fato o problema, pois assim as soluções podem ficar mais claras. Albert Einstein disse: "Se eu tivesse uma hora para encontrar a resposta para um problema e minha vida dependesse dessa resposta, passaria os primeiros 55 minutos pensando nas perguntas certas a fazer. Porque, sabendo as perguntas certas, eu conseguiria resolver o problema em menos de cinco minutos."

- **Inverta o processo.** Comece pela solução que você deseja e vá de trás para a frente, passo a passo, até chegar ao ponto em que você se encontra agora. Segundo um especialista, isso "força o cérebro a pensar de modo diferente [...] O cérebro quase sempre se torna mais ativo quando se depara com novos estímulos e novas informações".

- **Caso mais nada dê certo, pergunte a uma criança.** Se o problema for algo que uma criança consiga entender, pergunte como *ela* o resolveria. Mesmo que a resposta seja algo inviável, a forma não convencional de uma criança pensar pode instigá-lo a enxergar uma solução que de outro modo não lhe teria ocorrido.

3

Grandes expectativas

"O primeiro e mais difícil risco que se pode correr é ser honesto consigo mesmo."
– Walter Anderson

Um senhor de 80 anos foi ao médico fazer o check-up anual. Quando o médico perguntou como ele se sentia, o homem respondeu:

– Nunca estive melhor. Tenho uma noiva de 20 anos que está esperando um filho meu. O que acha disso, doutor?

O médico pensou um pouco e respondeu:

– Deixa eu te contar uma história. Meu cunhado adora caçar. Um dia, ele estava com tanta pressa para ir caçar que, ao sair, pegou o guarda-chuva em vez da espingarda. E lá estava ele andando na floresta quando de repente apareceu um urso. Ele rapidamente ergueu o guarda-chuva, apontou para o urso e apertou o cabo.

– E o que aconteceu? – perguntou o velho.

– Bom, acredite ou não, o urso caiu morto no chão.

– Impossível! Outra pessoa deve ter atirado no urso.

– Exatamente – confirmou o médico.

LIÇÃO DE VIDA

Existe uma grande diferença entre ter autoconfiança e mentir para si mesmo. Pode ser difícil identificar qual das duas coisas está acontecendo, mas é fundamental desenvolver essa percepção crítica. A verdadeira felicidade depende de termos expectativas moderadas (ver Piada 98).

MAIS QUE UMA PIADA

Como manter suas expectativas num nível razoável:

1. **Antes de tudo, pergunte-se quais são elas.** Às vezes temos só uma vaga ideia do que esperamos que aconteça. Quando você conseguir expressar suas expectativas com clareza, será muito mais fácil avaliá-las.

2. **Identifique de onde elas vêm.** Suas expectativas se baseiam na experiência e na observação... ou você simplesmente as inventou? Seja honesto. Se existe uma distância entre o que você *sabe* que acontece na realidade e o que você *deseja* que aconteça, provavelmente é hora de ajustar suas expectativas.

3. **Expresse-as.** Caso haja outras pessoas envolvidas nas suas expectativas, elas sabem disso? É muito comum criarmos expectativas com relação a outras pessoas e "esquecermos" de dizer isso a elas. E isso é pedir para dar errado. Fale sobre isso com seus parceiros potenciais antes que as coisas degringolem, expresse seus pensamentos e veja se eles topam participar do que você tem em mente.

4. **Peça opiniões.** Use seus amigos como referências: pergunte a eles se acham suas expectativas razoáveis. Se eles caírem na gargalhada ao ouvir o que você espera da vida, provavelmente é um forte sinal de que você precisa repensar suas expectativas.

4

Não venha me confundir com fatos

"Muitos argumentos bons são estragados por algum idiota que sabe do que está falando."
– Miguel de Unamuno

Um homem está convencido de que morreu. A esposa diz que ele não morreu; os filhos dizem que ele não morreu; os amigos dizem que ele não morreu. Mas ele insiste que sim. Aflita, a família o leva a um psiquiatra.

O psiquiatra decide que a melhor estratégia para curar o homem é convencê-lo a aceitar um fato: os mortos não sangram. Por seis meses, faz com que o homem estude livros de medicina e ilustrações de anatomia que sustentam essa afirmação. Depois, faz o homem observar autópsias, dissecar cadáveres e trabalhar como ajudante numa funerária. Até que o homem, exasperado, diz ao psiquiatra:

– Muito bem. Chega. Já entendi que os mortos não sangram.

O psiquiatra sorri, em seguida pega a mão do homem e fura a ponta do dedo dele com uma agulha. Quando uma gota de sangue brota, o homem olha para o dedo e diz:

– Olha só, sabichão! Os mortos sangram, sim!

LIÇÃO DE VIDA

A lógica nem sempre vence. Estudos mostram que muitas vezes ignoramos – ou distorcemos – fatos que não reforcem nosso ponto de vista. Assim, se você tentar vencer uma discussão achando que pode fazer o outro mudar de ideia, saiba que provavelmente é perda de tempo. Você pode até estar certo, mas isso não faz a menor diferença: as pessoas acreditam no que querem acreditar.

MAIS QUE UMA PIADA

Pode parecer loucura se agarrar a uma crença mesmo diante de provas irrefutáveis, mas isso é tão comum que já tem até um nome, criado por pesquisadores: efeito *backfire*, ou tiro pela culatra. Isso porque tentar corrigir as ideias das pessoas geralmente produz o efeito inverso, fazendo com que elas se agarrem ainda mais às suas crenças equivocadas.

• **Isso já foi demonstrado muitas vezes.** Num estudo feito em 2006, por exemplo, duas matérias de jornal foram entregues a um grupo: a primeira confirmava as opiniões das pessoas citando dados incorretos, enquanto a segunda corrigia a informação errada. Em vez de mudar seu ponto de vista, as pessoas concluíram que a *segunda* matéria era incorreta... e muitas até viram uma conspiração por trás da correção.

• **Não é brincadeira.** Exames cerebrais confirmaram esses resultados. Durante a ressonância magnética, áreas do cérebro associadas à aprendizagem se iluminavam quando as pessoas recebiam informações que confirmavam o que já pensavam sobre determinado assunto, mas, quando eram mostradas às mesmas pessoas informações que contradiziam suas crenças, partes do cérebro associadas à "supressão de pensamento" se iluminavam. Isso ilustra como é difícil mudar as ideias dos outros. Não depende apenas de lógica; é uma questão de biologia.

• **Então não é possível mudar as ideias das pessoas?** Talvez seja. Pesquisas mostram que:

1. Se uma questão afeta diretamente a vida de alguém, essa pessoa vai dar ouvidos a novas informações (ainda que não necessariamente as aceite). Se aquilo não a afeta, ela vai ignorar e seguir em frente com suas crenças intocadas.

2. As chances de alguém avaliar seriamente evidências novas (e até mudar de opinião) são maiores se o assunto for discutido em um grupo pequeno. Um estudo constatou que pessoas em grupos reduzidos mudaram de ideia numa frequência 75% maior do que sozinhas.

3. Se pedirmos às pessoas que expliquem *como* suas ideias funcionam no mundo real, elas podem perceber como sabem pouco sobre o assunto e acabar repensando suas crenças. No entanto, se pedirmos que expliquem *por que* acreditam naquilo, é mais provável que elas se tornem mais aferradas a suas crenças.

5

O quadro geral

"Se quisermos mudar de verdade,
precisamos primeiro mudar nossas percepções."
– Steven Covey

Alguns minutos após a decolagem, os passageiros de um voo de Boston para Chicago se assustaram com um solavanco repentino. O comandante se pronunciou pelo sistema de som:

– Não se preocupem. Perdemos um motor, mas a única consequência disso é que vamos levar uma hora a mais para chegar a Chicago.

Os passageiros resmungaram, mas logo se resignaram… menos o sujeito da poltrona 12D, que reclamou bem alto:

– Mas que ótimo. Acho bom eu não perder minha reunião das três da tarde!

Pouco depois, outro solavanco.

– Não há motivo para preocupação – avisou o comandante. – Perdemos outro motor, mas a única consequência é que vamos levar *duas* horas a mais.

Novamente, os passageiros receberam a notícia com calma… menos o sujeito da poltrona 12D.

– Que absurdo! – exclamou ele. – Assim que pousarmos vou fazer uma reclamação à empresa!

Minutos depois, houve outro solavanco. O comandante informou:

– Hã... sinto dizer, pessoal, que nosso terceiro motor pifou. Mas não se preocupem: ainda temos um funcionando e vamos chegar a Chicago. O único problema é que vamos nos atrasar *três* horas.

Ainda assim, todo mundo continuou calmo... menos o homem da 12D, que falou em volume alto o suficiente para o avião inteiro escutar:

– Se eu perder minha reunião, vou acionar meu advogado contra essa empresa!

Dez minutos depois, houve um solavanco ainda mais forte.

– Ah, meu Deus! – gritou o comandante pelo sistema de som. – Acabamos de perder o quarto e último motor!

– Fantástico! – resmungou o sujeito da 12D. – Agora vamos ficar aqui em cima o dia inteiro!

LIÇÃO DE VIDA

Claro, essa é a pior situação possível. O sujeito está ferrado, mas ele não *percebe* que está ferrado, porque avalia os acontecimentos segundo sua agenda, não segundo sua vida. Esse tipo de miopia acontece no dia a dia de todos nós. É fácil ser sugado pelas coisas pequenas e deixar de enxergar o quadro geral. Na verdade, as coisas podem ser melhores do que você pensa – ou podem ser piores. Mas você nunca vai saber ao certo se não recuar um passo de vez em quando e avaliar o que está acontecendo.

MAIS QUE UMA PIADA

Enxergar o quadro geral é uma habilidade como qualquer outra. Você precisa desenvolver um modo de pensar diferente, o que exige prática e paciência. Se quiser fazer uma tentativa, vai precisar de um ponto de partida. Veja se alguma destas ideias funciona para você:

1. **Procure um amigo ou mentor cuja história de vida seja completamente diferente da sua.** Fale com ele sobre os desafios que você está enfrentando. Pergunte se ele já passou por algum pro-

blema parecido e, em caso positivo, como o superou. Isso pode ajudar você a enxergar sua situação de uma perspectiva diferente.

2. **Reserve uma ou duas horas por semana para se desligar das preocupações cotidianas.** Faça uma caminhada ou passe um tempo numa cafeteria e use essa pausa para pensar na sua próxima semana e se planejar. Se descobrir que sua vida está fora dos trilhos, essa é uma boa hora para fazer mudanças.

3. **De vez em quando, tire um tempo (10 ou 15 minutos) para anotar seus pensamentos.** Só não transforme isso numa lista de tarefas. A ideia é refletir sobre o que é importante para você, não sobre o que você precisa fazer.

4. **Se você é do tipo que desanima ao pensar em tudo que não realizou, faça um esforço consciente para perceber as coisas que *conseguiu* realizar.** Esse exercício vai lhe mostrar uma imagem maior – e mais verdadeira – da sua vida.

6

Supersacana

"Se eu pudesse ser um super-herói,
escolheria o Super-Homem. Ele é tudo que eu não sou."
– Stephen Hawking

Dois sujeitos meio bêbados estão num bar no alto de um arranha--céu. O primeiro diz:

– Quer saber? Se eu tomasse só mais uma cerveja, acho que eu seria capaz de voar.

O outro reage:

– Impossível!

– É sério.

O primeiro então pede mais uma cerveja, vai até a sacada... e pula.

Ele cai, cai, cai... mas, quando está prestes a atingir o chão, para em pleno ar e começa a voar, voltando tranquilamente até o topo do prédio.

– Uau! – exclama o segundo, impressionado com o que viu. – Quer saber? Se eu tomar mais uma cerveja, aposto que também consigo fazer isso.

Ele bebe a cerveja inteira, corre até a sacada, dá um salto e se espatifa na calçada.

O garçom então se aproxima do primeiro sujeito e comenta, em tom de reprovação:

– Quer saber, Super-Homem? Você é um tremendo de um sacana quando bebe.

LIÇÃO DE VIDA

Todo mundo tem seus ídolos ou heróis, isto é, pessoas que representam seus maiores valores e ambições pessoais. Costumamos idealizá-las, mas lembre: são apenas pessoas. Elas também podem ser sacanas, como qualquer pessoa. Cometem erros, como qualquer pessoa. E, se você esperar muito delas, vão acabar te decepcionando – como qualquer pessoa.

Admire seus heróis pelo que eles realizaram, mas não lhes atribua características que eles não possuem. Cultuar heróis não é saudável para você... nem para eles.

MAIS QUE UMA PIADA

Confira três maneiras simples de manter seus heróis em perspectiva:

1. **Reflita sobre quem são seus heróis e por quê.** Procure lembrar o que o atraiu no herói. O que ele incorpora de significativo para você? Como o inspiram e como você pode incorporar esses ideais à sua vida?

2. **Procure ter um olhar realista.** As fraquezas pessoais de um ídolo podem torná-lo ainda mais admirável. Afinal, isso significa que ele conseguiu feitos notáveis mesmo com as limitações impostas pelos seus pontos fracos. No entanto, caso você saiba que ele cometeu atos repugnantes a ponto de serem intoleráveis, reconheça isso e busque outras pessoas nas quais se inspirar.

3. **Olhe para si mesmo.** Entenda a diferença entre heróis e exemplos de vida. Não temos a pretensão de nos tornarmos heróis, mas queremos ser como os nossos exemplos de vida. Admiramos os heróis por seus feitos extraordinários; admiramos os exemplos de vida por enfrentarem os desafios do dia a dia de maneiras que

os tornam pessoas melhores. Os heróis atuam num palco global, enquanto os exemplos de vida vivem ao nosso redor: são professores, mentores, pais – pessoas que gostam de nós e fazem parte da nossa vida. Ou seja: talvez muitos dos nossos exemplos de vida também devessem ser nossos heróis.

7
Está bom para você?

"O privilégio de uma vida inteira é ser quem você é."
– Joseph Campbell

Uma mulher de quase 50 anos sofre um grave ataque cardíaco e é levada ao hospital para uma cirurgia de emergência. Na mesa de cirurgia, ela tem uma experiência de quase morte e vê Deus.

– Esse é o meu fim? – pergunta a mulher.

Deus responde:

– Não, minha filha. Você ainda vai viver mais 37 anos.

A mulher se recupera da cirurgia e, sabendo que ainda tem tanto tempo na Terra, decide aproveitá-lo ao máximo; para isso, fica no hospital para fazer uma plástica no rosto, uma lipoaspiração e uma abdominoplastia. Na saída do hospital, ao atravessar a rua, ela é atropelada por um caminhão e morre.

Ao chegar ao céu, a mulher encontra Deus e reclama:

– O senhor disse que eu viveria mais 37 anos. Por que não me salvou daquele caminhão?

Deus responde:

– Ah, desculpe. Não reconheci você.

LIÇÃO DE VIDA

Sempre haverá coisas em nós mesmos que não nos agradam: algo na aparência, nosso nível de inteligência, nosso peso, maus hábitos, falta de sucesso. No entanto, é preciso que em algum momento sejamos capazes de dizer "Este sou eu" e celebrar a vida que recebemos. Você pode não ter tudo que quer, mas, se tem alguma coisa boa, não a desmereça; trate-a com respeito.

MAIS QUE UMA PIADA

Você é autocrítico demais? Veja algumas dicas simples para aprender a gostar mais de si mesmo:

- **Não tente se "consertar".** Se você está tentando fazer isso, é porque acha que está com algum defeito. Esse é o oposto da autoaceitação.

- **Seja realista.** Algumas coisas da sua vida podem ser mudadas, mas outras não (tais como sua família e certos problemas de saúde). Se você está tentando mudar o imutável, está preparando o caminho para o fracasso. E, quando fracassar, vai se culpar por não ser bom o suficiente.

- **Ofereça-se para ajudar os outros.** Se tem uma coisa que todo mundo reconhece e aprecia, é a força de uma mão estendida. Não importa como você veja a si mesmo; saber que pode ajudar alguém vai fazê-lo se enxergar como uma pessoa de maior valor.

- **Respeite sua vida.** Reflita sobre tudo que você faz a cada dia, tudo que a vida exige de você e quanto você se dedica a seguir em frente. Talvez você queira mais para o seu futuro, mas o respeito por si mesmo começa com a valorização de tudo que já faz certo.

8

Foi mal, sapo

"Uma rejeição não precisa significar que você não é bom o suficiente. Muitas vezes, só quer dizer que a outra pessoa não foi capaz de perceber o que você tem a oferecer."

– Ash Sweeney

Um engenheiro está atravessando a rua quando um sapo o chama:

– Ei, você. Se me der um beijo, eu viro uma linda princesa.

O engenheiro se abaixa, pega o sapo e o coloca no bolso. O sapo insiste:

– Ei, você não me ouviu? Vou repetir: se você me beijar e me transformar de volta numa linda princesa, serei sua namorada durante uma semana.

O engenheiro pega o sapo, sorri para ele e o coloca de volta no bolso. O sapo diz:

– Tá bem, tá bem. Se você me beijar e me transformar de volta numa princesa, eu faço o que você quiser.

De novo o engenheiro pega o sapo, sorri para ele e o coloca de volta no bolso. Até que o sapo pergunta:

– Qual é o seu problema? Eu disse que sou uma linda princesa. Serei sua namorada. Faço qualquer coisa que pedir. O que mais você quer?

O engenheiro sorri e responde:

– Olha, eu sou engenheiro, não tenho tempo para namorar. Mas um sapo que fala... é legal demais!

LIÇÃO DE VIDA

É triste, mas verdadeiro: nem todo mundo vai querer aquilo que você oferece, por mais irresistível que possa parecer aos *seus* olhos. Não leve para o lado pessoal e não deixe que isso mude a opinião que tem sobre si mesmo. As pessoas têm seus motivos para fazer suas escolhas. Só cabe a você tentar fazer com que elas enxerguem as coisas do *seu* jeito. E, se você não conseguir, procure outras pessoas – será ainda mais recompensador quando você encontrar alguém com quem tenha uma boa conexão.

MAIS QUE UMA PIADA

Não é uma falha pessoal sua que torna a rejeição algo tão doloroso. A culpa é do seu corpo.

Um estudo feito pela Universidade de Michigan em 2015 descobriu que a rejeição social é processada na mesma região do cérebro que registra a dor física. "Esses resultados dão novo sentido à ideia de que a rejeição social 'dói'", explicaram os pesquisadores. "À primeira vista, derramar uma xícara de café quente em si mesmo e pensar em como você se sente rejeitado [...] parecem provocar tipos de dor muito diferentes, mas essa pesquisa mostra que [são] semelhantes."

O paradoxo é que, apesar de não conseguirmos evitar perceber a rejeição como algo pessoal, raramente esse sentimento condiz com a realidade. Um roteirista de TV nos contou que certa vez, após vários testes de elenco para um programa de TV, ele ouviu dois dos candidatos rejeitados conversando, fazendo suposições sobre o que teriam feito de errado durante o teste. Sabe qual teria sido a resposta? "Nada." Na verdade, os diretores do programa estavam ficando com fome e simplesmente escolheram o primeiro ator decente que apareceu, só para poderem almoçar logo.

Saber que a rejeição não é intencional não minimiza a dor, é claro, mas talvez ajude a entender que não é indicativo de que há algo errado com você ou com seu trabalho. Trate a rejeição como uma ferida que precisa ser curada. Dê a ela tempo e remédio – o que julgar melhor para você. Depois, levante-se e tente outra vez.

9

Especialista em eficiência

"Não existe nada mais inútil do que fazer bem algo que não deveria ser feito."
– Peter F. Drucker

Um especialista em eficiência concluiu sua palestra para um grupo de líderes empresariais com um alerta:

– Tomem cuidado quando forem experimentar essas técnicas em casa.

– Por quê? – perguntou um homem na plateia.

O especialista explicou:

– Bom, durante anos eu observei minha esposa enquanto ela preparava o jantar. Ela ia de lá para cá entre a geladeira, o fogão, a mesa e os armários, geralmente carregando um único item a cada deslocamento. Um dia eu finalmente sugeri a ela: "Desse jeito você perde muito tempo. Por que não tenta carregar várias coisas de cada vez?"

– E isso acelerou o processo? – perguntou o sujeito da plateia.

– Na verdade, sim. Antigamente ela levava 20 minutos para fazer o jantar. Agora eu faço em 10.

LIÇÃO DE VIDA

Em vez de expressar gratidão à esposa por ter feito (e servido) o jantar, o sujeito da piada criticou a eficiência dela. Imagine como ela se sentiu ao ouvir aquilo. O que nos leva a esta lição básica: não se esqueça de agradecer.

Estudos mostram que demonstrar gratidão cria forte conexão entre as pessoas. É rápido, fácil e tem resultado garantido (seria de se imaginar que um especialista em eficiência soubesse disso, não é mesmo?).

O mais importante, porém, é que certamente torna a vida mais satisfatória para todos. Como escreveu o filósofo francês Alfred Painter: "Dizer obrigado é mais do que sinal de educação. É sinal de boa espiritualidade."

MAIS QUE UMA PIADA

Em 2010, professores da Universidade Harvard e da Universidade da Pensilvânia se debruçaram sobre os benefícios do ato de agradecer. No estudo, os pesquisadores pediam às pessoas que ajudassem um estudante. Eles observaram que os participantes a quem o estudante agradeceu reagiram melhor quando ele pediu ajuda novamente e mostravam o dobro de probabilidade de auxiliarem outras pessoas.

Conclusão dos pesquisadores: "As pessoas estavam ajudando mais não porque se sentissem melhor ou porque isso aumentasse sua autoestima, mas porque gostavam de ser úteis e se sentiam mais valorizadas socialmente quando recebiam agradecimentos." Os agradecimentos as faziam se sentir mais realizadas e as tornavam cidadãos melhores.

- E os benefícios não param por aí. Um estudo realizado em 2014 descobriu que dizer obrigado também desempenha um papel fundamental na interação social. Segundo um dos pesquisadores responsáveis, esse estudo "foi o primeiro a mostrar evidências de que [...] uma expressão de gratidão é capaz de contribuir para iniciar um novo relacionamento. Um simples obrigado faz com que as pessoas o considerem um ser humano mais caloroso e, consequentemente, se interessem mais em interagir com você e a conhecê-lo melhor".

• Talvez tudo isso explique por que "Obrigado" é a frase de uma única palavra mais usada no dia a dia e por que "Muito obrigado" é a mais usada entre as frases de apenas duas palavras.

10

Deu branco

*“Entrar em pânico é ótimo para sair perdendo.
Você precisa permanecer no controle.”*
– Ted Turner

Depois de ficar mundialmente famoso por sua teoria da relatividade, Albert Einstein vivia sendo convidado para fazer palestras em universidades. Como não dirigia, ele dependia do seu motorista para levá-lo aos compromissos. Um dia, ao fim de uma conferência, o motorista (que tinha uma grande semelhança física com Einstein) comentou:

– Professor, já ouvi sua palestra tantas vezes que acho que eu poderia falar no seu lugar!

Einstein riu.

– Sério? Pois então vamos fazer isso na semana que vem, quando formos a Yale.

De fato, o motorista apresentou perfeitamente as principais ideias de Einstein, enquanto o próprio Einstein ficou sentado alegremente nos fundos do salão, usando o uniforme do motorista. O motorista já ia descendo do palco quando um estudante esnobe levantou a mão e fez uma pergunta complicada sobre formação de antimatéria, só para provocar o grande cientista. O motorista prontamente disse:

– Senhor, a resposta para essa pergunta é muito simples. Tão simples que vou deixar meu motorista responder por mim.

LIÇÃO DE VIDA

Quando se sentir encurralado, não desista. Mesmo nas piores situações, você sempre pode encontrar uma saída... se permanecer calmo. O segredo é ignorar o ruído do pânico, pois só assim você vai conseguir ouvir a voz da praticidade e descobrir uma solução. Para muitos, isso não é fácil, mas qualquer um é capaz de aprender. Caso você se veja numa situação inesperadamente difícil, vai ficar feliz por ter aprendido.

MAIS QUE UMA PIADA

Um dos motivos para a dificuldade de raciocinar direito sob pressão é que, quando estamos estressados, nosso cérebro libera uma substância química chamada cortisol, que turva o pensamento. Ironicamente, nós nem *percebemos* que não estamos pensando direito... porque o cérebro fica anuviado.

É possível reduzir esse efeito usando o pensamento prático sob tensão. O neurocientista Daniel Levitan sugere fazer um *pre-mortem* – isto é, tentar prever o que pode dar errado em qualquer situação, para se preparar. É uma maneira de sentir que se tem algum controle, o que ajuda a permanecer calmo numa situação complicada. Como explica um pesquisador: "Qualquer coisa que aumente sua *percepção de controle* numa situação (quer aumente de fato seu controle ou não) pode reduzir substancialmente seu nível de estresse." Um *pre-mortem* pode incluir:

- **Imaginar as perguntas mais difíceis** que as pessoas farão numa reunião profissional ou num evento social e ensaiar as respostas.

- **Desenvolver uma percepção clara** dos seus limites e de como resguardá-los. Por exemplo, se você se sente desconfortável em falar sobre religião, esteja preparado para mudar de assunto educadamente caso alguém toque no assunto.

- **Tentar visualizar** qualquer imprevisto que possa ocorrer numa situação e imaginar maneiras de contorná-lo.

Se nada mais funcionar, tente usar um amuleto da sorte. Acredite ou não, segundo pesquisas, pessoas que levam consigo um amuleto da sorte costumam se sair melhor numa prova do que aquelas sem amuleto. Por quê? Porque o amuleto dá a sensação de controle.

11

O velho truque do saco de areia

"O que eu falo é desorientação.
O que você vê é uma ilusão."
– Amit Kalantri

Um homem chega de bicicleta à fronteira entre México e Estados Unidos carregando dois sacos grandes nos ombros. O guarda de fronteira americano pergunta:

– O que tem aí nesses sacos?

– Areia – responde o homem.

– Sei. – O guarda dá um risinho de zombaria. – Me deixe ver.

Ele esvazia os sacos e descobre... apenas areia. Não se dando por convencido, manda que revirem a areia e descobre que ela contém... nada. É só areia. O homem da bicicleta coloca a areia de volta nos sacos e atravessa a fronteira.

Uma semana depois, a cena se repete.

– O que tem aí nesses sacos? – pergunta o guarda de fronteira.

– Areia – responde o homem.

O guarda continua sem acreditar, por isso faz outra análise. E, realmente, os sacos contêm apenas areia. O homem da bicicleta volta a encher os sacos e atravessa a fronteira.

Isso continua por cerca de um ano, repetindo-se toda semana. Até que para. Alguns meses depois, o guarda de fronteira vê o "homem da areia" numa lanchonete local. Ele vai até o sujeito e diz:

– Ei, eu sei que você estava contrabandeando *alguma coisa*, e essa curiosidade está me matando. Por favor, me diga: o que era?

O homem toma um gole de café e sorri para o guarda antes de responder:

– Bicicletas.

LIÇÃO DE VIDA

Todos nós caímos naquilo que os mágicos chamam de *despiste* ou *desvio da atenção*: uma forma de enganar a plateia fazendo com que a atenção do espectador se concentre em uma coisa para distraí-lo de outra. Isso acontece na nossa vida com uma frequência espantosa, principalmente nos negócios e na política. Quando o desvio da atenção é bem-feito, você nem se dá conta. Mas, se perceber – se alguma coisa o incomodar e sua sirene de alerta começar a tocar –, não ignore sua intuição. Examine a situação até descobrir o que está deixando de ver.

MAIS QUE UMA PIADA

O despiste funciona graças a uma qualidade humana inata chamada *cegueira por desatenção*. Pesquisas revelaram que, se não estivermos prestando atenção em alguma coisa, nosso cérebro nem sequer registra que a vimos... mesmo que ela esteja bem diante do nosso nariz. Assim, se alguém for usar esse recurso com o objetivo de *afastar* sua atenção de alguma coisa, provavelmente fará isso conduzindo seu olhar sutilmente *para* outra coisa. Numa conversa cotidiana, por exemplo, pode ser que alguém responda a uma pergunta direta mudando de assunto... ou ficando com raiva em vez de responder – e até fazendo você se sentir culpado por ter perguntado. Estar alerta a esse tipo de manobra nas suas interações pessoais é sua melhor defesa. Mantenha os olhos e os ouvidos abertos. O despiste está em toda parte.

12

Embolados

"Diga-me do que você se vangloria
e eu lhe direi o que lhe falta."
– Provérbio espanhol

Durante gerações, as famílias Gencarelli, DiRienzo e Volpe mantiveram três padarias no mesmo quarteirão de Florença, na Itália. Porém, depois de tantos anos de coexistência pacífica, a família Gencarelli "declara guerra" e coloca na vitrine de sua loja um cartaz que diz: "Fazemos os melhores bolos da Itália." Em retaliação, a família DiRienzo também coloca um cartaz em sua vitrine proclamando: "Fazemos os melhores bolos do mundo." Por fim, a família Volpe coloca em sua loja um discreto cartaz anunciando: "Fazemos os melhores bolos do quarteirão."

LIÇÃO DE VIDA

Ser competitivo faz parte da natureza humana. Estamos sempre tentando parecer mais altos, mais inteligentes, mais fortes e simplesmente melhores que a concorrência. Mas isso pode acabar pegando mal, pois a modéstia é algo valorizado na sociedade e os outros percebem quando exageramos na autopromoção. Reconhecer as próprias limitações e "pensar pequeno" demonstra autoconfiança... e conquista as pessoas.

MAIS QUE UMA PIADA

Você é exibido? Contar vantagem e se exibir são coisas irritantes, claro... quando são os outros que fazem. O problema é que, segundo um estudo realizado em 2015 na Inglaterra, podemos não perceber que as outras pessoas se irritam quando somos *nós* a nos exibir. "Quando nos autopromovemos, tendemos a superestimar as reações positivas dos outros e a subestimar as negativas", diz o principal autor do estudo. "Talvez seja bom [...] tentar perceber que as pessoas podem ficar menos felizes do que você imagina em ouvir seus últimos feitos."

Em outras palavras, um dos motivos para nos exibirmos é que nos iludimos. Achamos que nossos interlocutores vão adorar as coisas que estamos dizendo, mas na verdade provocamos a reação oposta e os afastamos. É um ponto cego que todos temos (ver Piada 41).

O estudo também sugere que quanto mais nos esforçamos para ser convincentes, mais exageramos em nossas afirmações – e, por consequência, menos as pessoas confiam no que dizemos. Como explica a professora Susan Whitbourne, da Universidade de Massachusetts: "Como vou saber se você está dizendo a verdade quando diz que fez algo grandioso? Se você não me der uma prova convincente, só terei sua palavra. Não confiamos em declarações que não possamos verificar."

13

Amizade veloz

"Se você empresta dinheiro a um amigo
e nunca mais o vê, valeu a pena."
– Anônimo

Dois mochileiros estão caminhando pela floresta quando, de repente, veem um enorme urso na clareira adiante. O urso também vê os mochileiros e começa a ir na direção deles. O primeiro mochileiro pega um par de tênis da mochila e se põe a calçá-los freneticamente.

– O que você está fazendo? – pergunta o outro. – Um tênis não vai fazer você correr mais que um urso.

– Não preciso correr mais que o urso. Só preciso correr mais que você.

LIÇÃO DE VIDA

Por mais íntimo que você seja de alguém, vai haver ocasiões em que seus interesses e os da pessoa vão divergir. Nessa hora, é importante ter uma ideia clara do que aquele relacionamento significa para você – porque você vai ter que escolher: os dois vão permanecer juntos e você vai sacrificar seus interesses para ajudar seu amigo, ou você vai abrir mão da amizade e simplesmente tentar correr mais que ele?

P.S.: Lembre que não é só você que tem uma opção. Seu "amigo" precisa tomar a mesma decisão que você.

MAIS QUE UMA PIADA

Se você está tentando decidir se vale a pena salvar uma amizade, as seguintes perguntas podem ajudá-lo a descobrir:

1. **Seu amigo se interessa pelo que você tem a dizer...** ou toda conversa acaba girando em torno dele?

2. **Vocês são amigos porque escolheram...** ou por causa das circunstâncias? Muitas "amizades" são apenas uma questão de conveniência ou proximidade – por exemplo, pessoas unidas por caronas ou pelo trabalho em comum.

3. **Você fica ansioso para encontrá-lo logo** ou o evita a todo custo? A vida de algumas pessoas é uma interminável novela, que faz com que a amizade pareça mais um fardo do que um presente.

4. **Seu amigo lhe dá apoio** ou é competitivo? A forma como seus amigos reagem à sua sorte e ao seu sucesso diz muito sobre a relação de vocês.

5. **Ele elogia você** ou o coloca pra baixo? Amigos devem defender um ao outro – em particular e *também* na frente de outras pessoas.

6. **Você se sente próximo dele...** ou existe uma "barreira invisível" que você não consegue atravessar? Algumas amizades parecem ter muros que fazem você se sentir distante, mesmo que tente se aproximar mais. Em algum momento você vai ter que escolher entre aceitar isso, tentar mudar a situação ou calçar seu tênis.

14

Vai fundo

"O cérebro humano é um órgão complexo, com a maravilhosa capacidade de permitir que o homem encontre motivos para continuar acreditando em qualquer coisa que queira."
– Voltaire

Um ator desempregado entra num consultório médico.

– Qual é o problema? – pergunta o médico.

Como resposta, o homem puxa a manga da camisa e mostra o braço inteiro coberto de erupções horríveis, desde a axila até a ponta dos dedos.

– Minha nossa! – exclama o médico. – Como você arranjou isso?

– Bom, doutor, eu trabalho no circo, limpando as jaulas dos elefantes. Passo o tempo todo com bosta até os tornozelos. Como se não bastasse, às vezes os elefantes ficam constipados e eu preciso enfiar o braço no traseiro deles para colocar supositório. Foi por isso que meu braço ficou assim.

– Que *terrível*! – exclama o médico. – Pelo amor de Deus, por que não vai trabalhar em outra coisa?

– O quê? E abrir mão da carreira artística?

LIÇÃO DE VIDA

Até certo ponto, todos nós vivemos em negação, cheios de ilusões com relação a quem somos e ao que realmente fazemos. Estudos demonstraram que, nos Estados Unidos, apesar de 66% das pessoas estarem acima do peso, mais da metade delas não acha isso; 93% têm absoluta certeza de que dirigem melhor que a média; e até 94% dos professores (que são pessoas que lidam com fatos diariamente) acreditam que fazem parte "dos 50% melhores de sua profissão". Portanto, a questão não é se você está se iludindo, mas em que medida e de que maneiras isso afeta sua vida. Se, como o sujeito da piada, você é um escravo da sua ilusão e se engana achando que já chegou aonde queria, isso pode impedir seu crescimento pessoal. Questione sua percepção. Tente enxergar sua vida como ela realmente é – e aprenda a aceitá-la... ou mudá-la.

MAIS QUE UMA PIADA

Segundo uma reportagem do canal CBS News, "Numa escala de 1 a 10, provavelmente você acha que é um 7. E não está sozinho". A conclusão (e o título da matéria) é: "Todo mundo acha que está acima da média". Estudos sobre esse fenômeno, conhecido como *superioridade ilusória*, levaram psicólogos a três explicações para tantos de nós nos iludirmos:

1. **As pessoas não nos dizem** o que *realmente* acham do nosso desempenho, então acabamos achando que somos melhores do que de fato somos.

2. **As pessoas incompetentes** (e todos nós somos incompetentes em alguma coisa) não sabem diferenciar um desempenho bom de um ruim, então presumem que estão se saindo muito bem.

3. **A ilusão preserva nossa sanidade mental.** Se soubéssemos como somos péssimos em certas coisas, nossa autoestima sofreria um golpe fortíssimo, que poderia prejudicar todas as outras coisas que tentamos fazer.

Mas, afinal, que mal há em se iludir? Considere uma matéria publicada na Nova Zelândia sobre um homem que recebeu 32 multas de trânsito ao longo de cinco anos – todas por não usar o cinto de segurança. Em vez de simplesmente usar o cinto, o sujeito decidiu contornar a lei criando um cinto falso que ficava sobre o ombro e fazia *parecer* que ele estava usando o cinto de verdade. Ele achava que estava enganando as autoridades, mas na verdade estava enganando a si mesmo. Quando o homem morreu, em uma colisão frontal, a polícia verificou que a morte poderia ter sido evitada... se ele estivesse usando cinto de segurança.

15

Um porco e tanto

"Você pode não controlar tudo que lhe acontece, mas pode decidir que não se deixará abalar."

– Maya Angelou

Um homem estava caminhando por uma estrada rural quando chegou a uma casa. Na frente da casa estavam um fazendeiro e, ao lado dele, um porco com uma perna de pau.

– Olá – disse o homem. – Belo porco.

– O quê? – reagiu o fazendeiro. – Esse aqui é o melhor porco do mundo! Uma vez um fardo de feno enorme caiu em cima de mim, e, justo quando achei que ia morrer sufocado, esse porco veio correndo, me agarrou pelo pé e me puxou dali. Salvou minha vida.

– Uau! Impressionante.

O fazendeiro continuou:

– Outra vez, quando a minha casa pegou fogo, esse porco entrou correndo e salvou meus dois filhos.

– Incrível – disse o visitante. – Mas preciso perguntar: por que a perna de pau?

– Bom, quando você tem um porco tão especial assim, não come ele inteiro de uma vez!

LIÇÃO DE VIDA

Gostamos de pensar que, quando ajudamos alguém, a pessoa vai demonstrar gratidão de algum modo. Muitas pessoas agradecerão e estarão sendo sinceras... mas nem todas. Algumas pessoas simplesmente são incapazes de reconhecer que algo foi feito por elas ou de expressar gratidão. E, mesmo que apreciem seus esforços em algum nível, ainda enxergam você como um recurso a ser explorado, não como um ser humano. Tal como o fazendeiro da piada, elas vão usá-lo por inteiro, pedaço por pedaço, a menos que você tenha o bom senso de se afastar.

MAIS QUE UMA PIADA

Alguns sinais de que um superior ou amigo está se aproveitando de você:

1. **A pessoa nunca está satisfeita.** Ela está sempre lhe pedindo mais coisas: ajuda com essa outra tarefa, mais alguma coisa emprestada ou, quando é alguém do seu ambiente profissional, sempre quer que você trabalhe mais horas ou assuma novas tarefas. Ela enxerga você como alguém a ser explorado, por isso o usa para o máximo de coisas possível.

2. **A pessoa faz promessas e não cumpre.** Para um amigo ou colega de trabalho, é fácil dizer o que você quer ouvir, mas, se ela nunca age e fica só nas promessas, é porque está simplesmente enrolando você.

3. **A pessoa jamais retribui um favor.** Dizer obrigado é um bom começo, mas se você a ajuda e ela nunca faz nada em troca, é porque está usando você.

4. **Outra pessoa recebe o crédito.** Seu superior reivindicou o crédito por alguma coisa que você fez? Seu amigo citou todos os membros envolvidos num projeto e "esqueceu" de mencionar seu nome? Se você acha que foi só uma distração, fale com ele.

Se não for distração, esteja preparado: provavelmente ele vai fazer isso de novo.

Ainda não tem certeza? Confie nos seus instintos. Se você tem a sensação de que estão se aproveitando de você, provavelmente estão mesmo.

16

Seguindo o fluxo

"Às vezes o tempo que você passa reinventando a roda resulta num novo dispositivo revolucionário, mas outras vezes não passa de tempo desperdiçado reinventando a roda."

– Steve Krug

Um velho está voltando de carro para casa quando sua esposa liga. Ela grita, em pânico:

– Phil, por favor, tome cuidado! Acabei de ouvir no noticiário que tem um maluco dirigindo na contramão pela Rodovia 80.

– Minha nossa, Doris, não é só um, não – responde ele. – São centenas!

LIÇÃO DE VIDA

Vivemos numa sociedade que prega o individualismo implacável e recompensa o pensamento empreendedor. Assim é fácil cair na armadilha de acreditar que fazer as coisas do seu jeito é automaticamente melhor do que seguir a multidão. Pode até ser, mas pessoas sensatas sabem que não é necessário reinventar tudo – às vezes há um bom motivo para todo mundo estar fazendo aquilo daquele jeito: porque funciona. No mundo empresarial, isso é chamado de *melhores práticas.*

Na próxima vez que estiver pensando como agir, olhe em volta. Se todo mundo estiver fazendo aquilo de um modo diferente do seu, avalie se não é *você* que está indo na direção errada. Se for esse o caso, não tenha medo de dar meia-volta e seguir o fluxo. Nunca é tarde para seguir na direção certa.

MAIS QUE UMA PIADA

Afinal, como saber quando é melhor seguir o caminho convencional e quando é melhor seguir o próprio caminho? Faça a si mesmo estas três perguntas quando estiver tentando decidir se é uma boa ideia seguir a multidão:

1. **Vai ser mais rápido? Descobrir soluções próprias exige muito esforço, nos levando a cometer e corrigir erros durante o processo.** Pode ser uma valiosa experiência de aprendizagem, mas nem sempre vale o tempo gasto. Assim, o que é mais valioso para você: o tempo ou a experiência?

2. **Você vai se sentir melhor? Reinventar a roda é um trabalho mentalmente exaustivo.** O esforço pode deixar você extremamente infeliz e mal-humorado. Pegar o caminho convencional pode ser menos estressante e conservar suas energias para o próximo desafio.

3. **Vai poupar recursos? São poucas as pessoas que contam com recursos ilimitados, por isso é importante descobrir como usar melhor aqueles que temos.** O caminho convencional pode poupar dinheiro, energia e trabalho, permitindo que você use tudo isso de modo mais estratégico no futuro.

17

Contagem regressiva

"Todo dia de vida é um bom dia."
– Robert Gerus

Um médico entra na sala de exames, põe a mão no ombro do paciente e diz:

– Tenho uma notícia ruim: você está morrendo. Não lhe resta muito tempo.

– Ah, não! – exclama o paciente. – Quanto tempo de vida eu tenho?

– Dez – responde o médico.

– Dez? Dez o quê? – interrompe o paciente, em pânico. – Dias? Semanas? Meses?

O médico responde calmamente:

– Nove…

LIÇÃO DE VIDA

"O tempo voa" é algo que ouvimos sempre mas que costumamos esquecer. Use essa piada para relembrar como a vida é fugaz e como é importante valorizar o tempo que temos.

MAIS QUE UMA PIADA

Acreditamos que essa ideia não precisa de mais comentários, mas, de qualquer modo, outra forma de dizer isso seria: *carpe diem*. É uma expressão latina cunhada pelo poeta romano Horácio

(65 a.C.-8 a.C.). A citação literal é *Carpe diem quam minimum credula postero*, que significa "Aproveite o dia, confiando o mínimo possível no próximo". Com o tempo, porém, passou a ser conhecida apenas como "Aproveite o dia" – uma exortação concisa para usufruir ao máximo o tempo que temos. E, se isso for obscuro demais para você, a versão hebraica da expressão é mais direta ainda. Ela pode ser traduzida como: "Se não agora, quando?"

18

Compre essa ideia

"Faça de conta que todas as pessoas que você encontra têm uma placa pendurada no pescoço dizendo: 'Faça com que eu me sinta importante.' Assim você não terá sucesso somente nas vendas, terá sucesso na vida."

– Mary Kay Ash

O cabo Jessé tinha uma boa lábia, por isso seu comandante o colocou para aconselhar os novos recrutas a respeito dos benefícios do seguro militar. Logo o comandante soube que Jessé estava vendendo o plano premium para 99% dos recrutas, uma taxa incrível, e quis saber como Jessé estava conseguindo o feito. O comandante então se instalou nos fundos da sala para ouvir a apresentação que Jessé fazia dos diferentes planos.

– Homens – explicou Jessé aos recrutas –, se vocês tiverem o plano padrão e forem mortos em batalha, o governo paga aos seus beneficiários no máximo 20 mil dólares. Mas se vocês tiverem o plano premium, o governo terá que pagar 200 mil. – Ele fez uma pausa e concluiu: – Então eu pergunto: que grupo vocês acham que eles vão mandar primeiro para a batalha?

LIÇÃO DE VIDA

Como muitas pessoas, você talvez se sinta desconfortável com a ideia de "vender", mas, quer perceba ou não, sempre fez isso. Na verdade, todas as vezes que você precisa convencer alguém a aceitar *qualquer coisa*, está usando basicamente as mesmas habilidades do sujeito que vende apólices de seguro. Está tentando levar um amigo para trabalhar como voluntário na distribuição de comida para pessoas necessitadas? Está tentando convencer seus filhos a fazer o dever de casa? Está tentando conseguir com seu chefe uma folga na próxima sexta-feira? O desafio é sempre o de mostrar à pessoa o que ela teria a ganhar com isso e responder à pergunta implícita: "Por que isso me importa?" Quanto mais você se concentrar em responder a essa pergunta, mais convincente será seu "argumento de venda".

MAIS QUE UMA PIADA

Confira quatro regras básicas para ser mais "vendedor":

1. **Conheça seu objetivo.** O que você está tentando alcançar? Todo o seu argumento depende de você enxergar isso com clareza. Se você não tem certeza do seu objetivo, como vai comunicá-lo?

2. **Conheça seu público.** Entenda o máximo possível (ou o máximo permitido) do que seu "cliente" deseja e do que o motiva. Tente prever as objeções que ele fará.

Alguns especialistas dizem que o segredo para entender seu público é desenvolver a empatia e que, para isso, o melhor modo é fazer perguntas. Pergunte sobre a situação em que a pessoa vive, quais são suas preocupações, seus objetivos e, mais importante, como você pode ajudá-la. E ouça. "Continue ouvindo", diz um deles, "até ter uma compreensão clara do quadro geral".

3. **Conheça o que você está "vendendo".** Seja qual for seu produto – um objeto, um programa ou mesmo uma ideia –, conheça-o de trás para a frente antes de abrir a boca para tentar vendê-lo. Além disso, não esqueça de vê-lo também pela perspectiva do "cliente".

Toda transação tem um componente prático e um componente emocional. O aspecto emocional é o principal na tomada de decisão. O cabo Jessé, por exemplo, estava vendendo seguros – mas o que atraía seus clientes era a ideia de comprar segurança e até mesmo uma estratégia de sobrevivência.

4. **Crie conexão.** As pessoas não confiam em estranhos. Elas só confiam naqueles com quem têm uma relação. Sabendo disso, desenvolva um relacionamento com seu público. Seja gentil, seja solícito, seja engraçado (conte uma piada), seja paciente e, acima de tudo, seja autêntico. Se as pessoas se identificarem com você, confiarão em você e praticamente farão a venda *por* você.

19

Informação insuficiente

"A explicação correta é, provavelmente, aquela que exigir menos suposições."
– Guilherme de Occam (princípio da Navalha de Occam)

Uma enfermeira que trabalhava num serviço de saúde comunitário estava em seu carro fazendo a ronda diária pelo bairro quando, de repente, ficou sem combustível. Por sorte, ela estava a apenas um quarteirão de um posto, então rapidamente andou até lá e pediu ao frentista que lhe emprestasse um galão de gasolina. O frentista disse que lamentava, mas outra pessoa havia acabado de pegar emprestado seu único galão. Com pressa e desesperada para retomar seu trabalho, a enfermeira voltou ao carro para procurar outro recipiente em que pudesse carregar a gasolina. Só encontrou um penico. Ela levou o penico até o posto, pediu que o frentista o enchesse de gasolina e voltou ao carro. Quando estava derramando a gasolina do penico no tanque do carro, dois empresários que por acaso iam passando pararam, incrédulos.

– Uau! – exclamou um deles. – Aquela enfermeira vai fazer fortuna!

LIÇÃO DE VIDA

Faz sentido, não faz? Você vê alguém derramando alguma coisa de cor amarelada de um penico e deduz que é urina. O tempo todo fazemos suposições perfeitamente "lógicas" como essa. O problema é que muitas vezes nos enganamos.

Isso é tão comum que tem até nome na psicologia: *tendência a tirar conclusões precipitadas*. Tudo indica que essa seja uma característica inata que nos ajuda a sobreviver desde os tempos pré-históricos – ou seja, provavelmente não nos livraremos dela tão cedo. Podemos, porém, ter consciência de que fazemos isso e tentar perceber algumas das nossas "conclusões" mais absurdas antes que elas escapem para o mundo. E não só para não posar de idiota: também é um modo de proteção, pois evita que você tome decisões prejudiciais baseadas em "informações" que simplesmente inventou.

MAIS QUE UMA PIADA

Pesquisas mostram que o melhor modo de evitar conclusões precipitadas é exigir de si próprio o mesmo tipo de prova que você exigiria dos outros. Nem sempre é fácil, por isso tente memorizar estas quatro perguntas para se fazer quando precisar examinar mais de perto uma conclusão:

1. **Quais são os fatos? Cite-os.**

2. **O que você citou são realmente fatos ou você está deixando suas emoções alterarem o que está vendo?**

3. **Essas "provas" fariam com que outras pessoas chegassem à mesma conclusão?**

4. **Imagine um amigo lhe apresentando a mesma conclusão. O que você diria a ele? A mesma coisa que está dizendo a si mesmo?**

20

Informação demais

"A melhor hora para segurar a língua é quando você sente que precisa *dizer alguma coisa."*
– Josh Billings

Um representante de vendas, uma balconista e um gerente de loja estão indo almoçar quando encontram uma antiga lamparina a óleo. Eles esfregam a lâmpada e, para perplexidade dos três, de dentro da lamparina sai um gênio, que diz:

– Uau! Estou tão feliz por ter sido libertado que vou conceder um desejo a cada um de vocês.

A balconista grita, empolgada:

– Primeiro eu, primeiro eu! Quero estar sentada num café ao ar livre em Paris com o amor da minha vida, transbordando felicidade.

E *puf*! Ela some. Os outros dois ficam olhando estarrecidos para o espaço vazio. Então o representante de vendas grita:

– Agora eu, agora eu! Quero estar nas Bahamas, sentado na praia com uma massagista profissional, tomando *piña colada* sem nenhuma preocupação na vida.

E *puf*! Ele some. Então o gênio se dirige ao gerente:

– Sua vez.

O gerente sorri e diz:

– Quero aqueles dois de volta ao trabalho depois do almoço.

LIÇÃO DE VIDA

Uma regra básica na arte japonesa da negociação é que quem fala primeiro perde. O mesmo conceito pode ser aplicado em outras áreas da vida: quando você revela quais são seus desejos, fica mais fácil que os tirem de você ou os usem como trunfo. Uma coisa que é muito importante para você pode ser vista por outras pessoas apenas como parte de um jogo... e elas querem vencer.

MAIS QUE UMA PIADA

Claro, existem muitas ocasiões em que é bom fazer revelações a seu respeito, mas, antes disso, é bom você saber com quem está falando (e quem está ouvindo!) – especialmente no trabalho. Aqui vão algumas dicas:

- **Observe como um "amigo" trata outras pessoas.** Se ele for manipulador ou insensível aos sentimentos dos outros, provavelmente vai tratar você do mesmo modo.

- **Você se sente pressionado para revelar mais do que deseja sobre si mesmo?** Se alguém se vende exageradamente como compreensivo, preocupado ou solícito, pode ser um sinal de alerta de que essa pessoa tem interesses ocultos por trás de tanta boa vontade.

- **Não tenha medo de pôr um relacionamento na geladeira.** Se você descobrir que foi prejudicado ou que se aproveitaram de alguma coisa que você revelou sobre si, não perca a cabeça. Agora você sabe o que esperar dessa pessoa.

21

Quem, eu?

"Quero ajudar quem não tem nada, mas não dou a mínima para quem não tem noção."
– Dennis Miller

Certa tarde, um homem decide fazer um passeio pelo campo em seu carro novo. Sem tráfego, ele acelera até 110 quilômetros por hora... 130... 150. Quando está fazendo uma curva fechada, ele vê de repente dois lavradores no meio da pista, batendo papo. Em pânico, ele gira o volante o mais rápido que pode para não atropelá-los, mas acaba perdendo o controle do carro e bate na mureta. O homem sai voando e despenca numa plantação. Os lavradores ficam olhando, chocados, até que um deles se vira para o outro e diz:

– Caramba! A gente saiu da plantação bem a tempo.

LIÇÃO DE VIDA

É frustrante quando as pessoas que criam problemas não assumem a responsabilidade pela ansiedade – ou mesmo pelo caos – que provocam. Todo mundo conhece alguém que faz isso. "Podem ser amigos, familiares ou colegas de trabalho", escreve Linda Sapadin. "Eles esquecem compromissos. Vivem atrasados. Perdem prazos. Esperam que os outros os livrem de toda encrenca em que se metem." Essas pessoas, infelizmente, fazem parte da vida. Você não tem como evitá-las por completo, mas, se perceber alguma delas por perto, pode ao menos aprender a passar longe quando as vê paradas no meio da rua.

MAIS QUE UMA PIADA

Como lidar com pessoas sem a menor noção sem se deixar prejudicar por elas? Algumas possibilidades:

1. **Tolerar.** Não faça nada... porque às vezes você *não pode* fazer nada. Exemplo: se o encrenqueiro sem noção é um parente mais velho, seu chefe ou alguma outra figura de autoridade, o melhor que você pode fazer é tentar não se deixar abalar.

2. **Confrontar.** No entanto, se você conhece bem a pessoa, pode tentar lhe dizer como as ações dela afetam você (ou os outros) e como se sente a respeito disso. Mostre que não está julgando, apenas tentando salvar um relacionamento. A pessoa pode nem perceber o que faz de errado. Assim, para ilustrar seu argumento, experimente relembrar uma situação específica e explicar como tudo se passou do seu ponto de vista.

3. **Evitar.** Existe também a possibilidade de que nada que você faça ou diga tenha algum efeito – além de deixar você mais frustrado. Então, por que se dar ao trabalho? Diga apenas *Desculpe, mas preciso ir* e vá embora. Bônus: se afastar também permite que você se acalme antes que a frustração tome conta.

22

O velho e os biscoitos

"Se você quer que os outros sejam felizes, pratique a compaixão. Se você quer ser feliz, pratique a compaixão."
– Dalai Lama

Um homem idoso estava no leito de morte. Deitado ali de olhos fechados, esperando calmamente o fim, ele de repente sentiu o cheiro de cookies caseiros com gotas de chocolate saindo do forno! Ele cheirou o ar de novo... e era verdade! Sua esposa estava assando biscoitos. O aroma o fez se sentir revitalizado. O homem encontrou forças para se levantar da cama, cruzar o corredor lentamente e descer a escada a passos dificultosos – o tempo todo se imaginando comendo um último delicioso cookie. Ele conseguiu enfim chegar à cozinha, e lá estava: uma bandeja de cookies na bancada. Com suas últimas forças, ele se arrastou pelo chão, foi se escorando na bancada para conseguir se levantar e estendeu a mão para pegar um cookie. De repente, *paf*! Levou um forte tapa. A esposa bateu nas costas da mão dele com a espátula de metal.

– Não toque nisso! – ralhou ela. – É para o velório.

LIÇÃO DE VIDA

Isso não é jeito de tratar uma pessoa amada que está morrendo. Aliás, não é jeito de tratar ninguém. No entanto, nossa cultura parece ir nessa direção. Estudos indicam que nos últimos 30 anos os americanos vêm perdendo cada vez mais a empatia, isto é, "a capacidade de entender e dividir os sentimentos de outra pessoa".

Isso é meio assustador, porque a empatia é considerada a base dos relacionamentos humanos significativos. Ela gera confiança, cooperação, compreensão – essenciais para uma sociedade saudável. Você não pode forçar os outros a serem compassivos ou compreensivos, claro, mas pode pressionar *a si mesmo*. E, assim, pode se tornar um modelo de comportamento para outras pessoas (ver Piada 74).

MAIS QUE UMA PIADA

Pesquisas recentes mostram que a empatia é, na verdade, uma atitude: um hábito que podemos desenvolver como parte do cotidiano. "O desenvolvimento da empatia não termina durante a infância", diz o escritor Roman Krznaric. "Podemos alimentar seu crescimento durante toda a vida – e usá-la como uma força radical para a transformação social." Veja alguns truques para desenvolver a empatia na sua vida:

1. **Explore seus sentimentos.** Parece baboseira? Na verdade, é um conselho muito prático. Ter consciência dos seus sentimentos é a base para a empatia, mas somos ensinados a reprimir as emoções. Como exercício, experimente, em momentos aleatórios do seu dia, se perguntar: *O que estou sentindo agora?* Ou, ao observar algo acontecer, pergunte-se: *E se fosse comigo?*

2. **Demonstre compaixão.** Quando notar que alguém está angustiado, diga alguma coisa. Mostre que se importa. De início pode parecer estranho, mas continue tentando. Como muitos de nós, talvez você precise desaprender toda uma vida de postura defensiva até conseguir ser direto e sincero. Outro modo de demonstrar compaixão é pela linguagem corporal. Incline-se na direção da pessoa; faça contato visual; fale em um tom de voz adequado ao estado de espírito da pessoa.

3. **Treine ouvir.** Suspenda o julgamento e tente escutar o que a pessoa está dizendo.

4. **Pergunte.** Faz parte do ato de escutar: é uma maneira de aumentar seu conhecimento e sua compreensão dos outros. Também demonstra um interesse genuíno pela outra pessoa, o que inspira confiança. Para desenvolver um diálogo verdadeiro, peça à pessoa que também faça perguntas a você.

5. **Desenvolva a curiosidade com relação às pessoas.** As crianças são naturalmente curiosas, mas, à medida que crescemos, tendemos a rotular as pessoas em vez de buscar conhecê-las. Estudos sugerem que quem tem mais empatia é também mais curioso. Assim, se você quer desenvolver empatia, alimente a curiosidade. Uma ideia: transforme em uma missão conversar com pelo menos uma pessoa desconhecida por semana. Veja que coisas surpreendentes você pode ficar sabendo sobre elas.

23

Fura-fila

"Seja gentil com as pessoas que não são gentis.
São elas que mais precisam."
– Ashleigh Brilliant

Era dia de Black Friday e a megaloja de eletrônicos estava fazendo uma enorme liquidação. Uma fila tinha começado a se formar às cinco da manhã. Mais ou menos às sete e meia, houve uma grande agitação quando um sujeito baixinho de calça cáqui tentou furar a fila. Não chegou muito longe, pois o arrancaram dali e o jogaram no estacionamento.

O baixinho se levantou, sacudiu a poeira e tentou outra vez. Mal deu um passo e um grupo ainda maior o puxou e o jogou longe outra vez. Sem se abalar, o sujeito se levantou novamente e saiu andando, trôpego, em direção ao início da fila pela terceira vez.

– Está maluco? – perguntou uma pessoa da multidão furiosa. – Não sabe que vai ser jogado longe outra vez?

– É, eu sei – respondeu o baixinho. – Mas se vocês não me deixarem chegar na porta, ninguém vai abrir a loja.

LIÇÃO DE VIDA

Talvez você acredite que nunca vai agir junto com uma multidão raivosa, mas mesmo assim, se tiver dificuldade de controlar a raiva, lembre-se: não exagere ao reclamar com alguém que esteja tentando furar fila, falando alto, dirigindo devagar demais e coisas do tipo. Não vale a pena esquentar a cabeça só porque alguém está agindo feito um idiota. Além do mais, pode haver circunstâncias atenuantes. O sujeito que grita pode estar conversando com o pai meio surdo, o motorista agressivo pode estar nervoso tentando chegar a um hospital. E nunca se sabe: na próxima vez, o "babaca" sendo xingado pode ser você.

MAIS QUE UMA PIADA

Como não se deixar levar pela raiva? Respire fundo, conte até 10 e veja se estas ideias ajudam:

- **Dê um desconto ao seu adversário.** Sua reação inicial talvez seja levar para o lado pessoal o comportamento da pessoa, mas ela pode estar envolvida em outras questões (problemas em casa, por exemplo). Não vá imediatamente concluindo o pior a respeito dela. Assim você só aumenta sua frustração.

- **Repita o mantra "Eles são como eu".** Temos mais coisas em comum do que diferenças. Lembre que a outra pessoa ama a família tanto quanto você, quer ser feliz tanto quanto você... e comete erros tanto quanto você. Por mais grosseira que a pessoa seja, todo mundo sai ganhando se você demonstrar empatia em vez de demonizar os outros.

- **Não seja manipulado.** Lembre: se você está com raiva, a outra pessoa pode estar tentando provocar um confronto. Você quer mesmo dar a ela a satisfação de conseguir manipulá-lo?

- **Observe seu próprio comportamento.** Às vezes julgamos os outros por coisas que nós mesmos fazemos ou já fizemos. Por exemplo, na próxima vez que se pegar gritando com alguém enquanto estiver dirigindo, pergunte-se: *Eu já dirigi mal?* Claro que já. Todos nós já dirigimos mal.

• **Ignore.** Sim, furar fila é um desrespeito, mas será que realmente vale a pena se estressar com isso? Escolha suas batalhas. Você pode pensar que *todas* são importantes e que ignorar comportamentos ofensivos é o mesmo que perdoá-los, mas pesquisas mostram que as pessoas que ignoram comportamentos grosseiros são mais calmas e têm maior capacidade de se concentrar nas coisas mais importantes.

24

Pensando bem...

"Meu psiquiatra falou que eu estava maluco,
e eu falei: 'Vou querer uma segunda opinião.'
Ele disse: 'Ok: você também é feio.'"
– Rodney Dangerfield

Um chefão da máfia descobre que seu contador lhe roubou 10 milhões de dólares. O contador é surdo – e foi por isso que o homem conseguiu o emprego, pois jamais ouviria nada sobre o qual pudesse testemunhar no tribunal.

Quando vai confrontar o contador sobre o dinheiro que está faltando, o chefão da máfia leva junto um primo que conhece a língua dos sinais. Ele diz ao primo:

– Pergunte a ele onde está o meu dinheiro!

Na língua dos sinais, o primo repassa a mensagem do chefão.

O contador responde, também em sinais:

– Não sei do que você está falando.

O primo diz ao chefão:

– Ele disse que não sabe do que você está falando.

O chefe saca uma pistola, a encosta na cabeça do contador e diz:

– Pergunte de novo!

O primo diz ao contador, por sinais:

– Se você não contar, ele vai matá-lo.

O contador cede:

– Está bem. Você venceu. O dinheiro está numa mala enterrada atrás da casa do meu cunhado!

O chefão pergunta:

– O que ele disse?

Após uma pausa, o primo responde:

– Ele disse que você não tem coragem de puxar o gatilho.

LIÇÃO DE VIDA

É surpreendente a frequência com que aceitamos a palavra dos outros, mesmo quando não entendemos direito o que eles estão dizendo. Seu médico diz que você precisa tratar alguma doença; seu contador diz que é perfeitamente legal fazer aquela dedução do imposto de renda; seu advogado diz que você deve assinar na linha pontilhada... e você simplesmente faz o que eles dizem. O que você *deveria* fazer? Buscar uma segunda opinião.

Quando se trata de assuntos importantes, essa é a medida mais barata e mais fácil que você pode tomar para proteger seus interesses.

MAIS QUE UMA PIADA

Eis o que os profissionais dizem sobre segundas opiniões:

• **Você precisa delas com mais frequência do que imagina.** Por exemplo: estatísticas mostram que médicos cometem erros em 10% a 20% dos diagnósticos, mas que cerca de 70% dos americanos não se incomodam em procurar uma segunda opinião. Mesmo se você não for vítima de diagnósticos ou aconselhamentos ruins, uma segunda opinião pode ser útil. Pode ser o único modo de encontrar a solução que funciona melhor para você.

• **Uma segunda opinião pode não parecer necessária a princípio**, mas com o tempo você talvez descubra algo estranho na situação e decida consultar outro profissional. Você pode se sentir desconfortável, mas não se preocupe achando que está ofendendo a pessoa que você ouviu primeiro. Ela deveria aceitar isso. "Se você tem um médico que ficaria ofendido com uma segunda opinião", diz o Dr. Gregory Abel, do Instituto do Câncer Dana-Farber, "provavelmente ele não é o melhor médico para você."

- **Deixe claras suas prioridades.** Não vá supondo que seu médico ou seu advogado sabe o que é mais importante para você. Estudos mostram que muitas vezes profissionais e clientes têm focos diferentes na mesma situação.

- **Certifique-se de perguntar à pessoa certa.** Encontre um especialista que trate de problemas parecidos com o seu. Quanto mais experiência ele tiver, mais provável que seja um perito no assunto.

25
Coisa da sua cabeça

"O racismo não é inato, é ensinado. Eu tenho um filho de 2 anos, e a única coisa que ele odeia é dormir."
– Dennis Leary

Dois homens estão cavalgando no campo quando avistam um indígena deitado de bruços, com um dos ouvidos encostado no chão. Os homens param e um diz ao outro:

– Está vendo aquele indígena? Está ouvindo o chão. Ele consegue escutar coisas a quilômetros em todas as direções.

Logo em seguida, o indígena levanta a cabeça e diz:

– Carroça coberta. Três quilômetros daqui. Puxada por dois cavalos, um marrom e um branco. Homem guiando. Carroça carrega mulher, criança e bagagem.

– Incrível! – diz o outro caubói ao amigo. – Esse índio sabe que há uma carroça, a distância em que ela está, quantos cavalos a estão puxando e de que cor eles são, quem está dentro da carroça e até as coisas que eles carregam, tudo isso apenas ouvindo o chão!

O indígena levanta a cabeça de novo e diz:

– Não. Eles me atropelaram faz meia hora.

LIÇÃO DE VIDA

Essa piada soa meio racista? Pois ela é. Mas precisávamos incluir pelo menos uma que abordasse a questão dos estereótipos étnicos e raciais. Essa é razoavelmente inofensiva, porque não zomba de ninguém, mas mostra como os preconceitos podem nos influenciar sem percebermos. Para os caubóis (e talvez para você também), parece razoável que um indígena esteja com o ouvido encostado no chão porque *todo mundo sabe que os índios são bons rastreadores e é assim que eles fazem isso.*

Essa é a essência do racismo e dos estereótipos étnicos. Não precisa haver malícia ou intenção – apenas um conjunto de generalizações sobre um grupo específico de pessoas. Talvez você jamais se livre dessas suposições, afinal, algumas estão bem entranhadas, mas vale a pena tentar, porque, enquanto enxergarmos as pessoas como estereótipos, não estaremos vendo como elas são de verdade e continuaremos povoando nosso mundo com personagens, não com seres humanos reais.

MAIS QUE UMA PIADA

Veja três modos de começar a desconstruir os estereótipos que você já tem:

1. **Conheça seus estereótipos.** Todo mundo tem estereótipos, mas a maioria não percebe que tem. Se você reparar na primeira impressão que faz de desconhecidos – o que lhe vem à mente assim que encontra uma pessoa nova –, verá seus preconceitos com clareza. Ou então faça o teste que a Universidade Harvard disponibiliza para que você descubra seus preconceitos pessoais. Chama-se "Project Implicit Hidden Bias Test" (Projeto Teste de Preconceitos Ocultos Implícitos), e você pode fazê-lo on-line (em inglês).

2. **Pare de tentar ser cego às diferenças.** Você acha errado notar as diferenças entre as pessoas? Não seja bobo; todo mundo nota. Mas isso pode ser bom. Parte da beleza da vida é apreciar sua variedade. Ignorar a origem de uma pessoa pode até ofendê-la, principalmente

se sua origem étnica for importante para sua identidade. Sinta-se realizado ao celebrar as diferenças entre você e os outros.

3. **Perceba que todo mundo é diferente.** A socióloga Margaret Mead falou bem: "Em vez de julgarmos de acordo com estereótipos de idade, sexo, cor, classe ou religião, [todos devemos] ter a oportunidade de entender que, dentro de cada grupo, algumas pessoas são desprezíveis e outras são encantadoras." Em outras palavras: todo grupo é composto por indivíduos muito diferentes uns dos outros. Olhe para as pessoas, não para os grupos, e assim os estereótipos começarão a desaparecer.

26

O martíni perfeito

"Não tenha medo da perfeição:
você jamais vai alcançá-la."
– Salvador Dalí

Um homem rico entra num bar de Nova York famoso pelos coquetéis de altíssimo nível. Ele diz ao barman:

– Quero o melhor martíni do mundo.

– Bom, senhor, eu posso fazer o melhor martíni do mundo, mas saiba que vai levar muito tempo... e vai sair caro – responde o barman.

– Dinheiro não é problema.

Então o barman o leva até a sala dos fundos. Lá, ele pega de um cofre duas garrafas, que contêm o gim e o vermute mais raros do mundo. Quando o homem estende a mão para as garrafas, o barman o impede, dizendo:

– Paciência, senhor. Agora precisamos ir à Itália.

– Itália?

– É, Itália.

Os dois pegam um voo até Florença e, de lá, seguem de carro até uma remota colina na Toscana, onde encontram a oliveira mais valiosa do mundo.

– Agora vamos esperar até que as azeitonas estejam no ponto perfeito de maturação.

Eles se sentam e esperam... esperam... esperam. Dias depois, o barman colhe duas azeitonas perfeitas e as guarda num recipiente de alta pressão.

– Quando terei meu martíni? – pergunta o homem.

– Paciência, senhor – responde o barman. – Para a última etapa, precisamos ir a São Francisco.

– São Francisco?

– Sim – responde o barman.

Então eles vão a São Francisco. Chegando lá, pegam um táxi para um hotel no Mission District, onde alugam uma suíte de luxo com uma cozinha completa para que o barman possa *finalmente* preparar o martíni.

– Está quase pronto, senhor. Temos o gim perfeito, o vermute perfeito e as azeitonas perfeitas. Mas o verdadeiro segredo está na maneira de misturar os ingredientes. Por isso, teremos que esperar de novo.

– Esperar o quê? – pergunta o homem.

– Um terremoto.

LIÇÃO DE VIDA

A perfeição é um ideal. É impossível alcançá-la (pelo menos para os mortais), por isso os "perfeccionistas" jamais ficam satisfeitos. Estão condenados a passar a vida inteira descobrindo que nada nem ninguém está à altura dos seus padrões. Triste.

Já que é assim, por que se dar ao trabalho de tentar ser excelente? Porque perfeição e excelência são duas coisas totalmente distintas. Estudos psicológicos mostram que a busca pela excelência pode levar ao sucesso e à felicidade, ao passo que existe uma correlação clara entre perfeccionismo e uma variedade de transtornos mentais, tais como depressão e ansiedade. O motivo: os perfeccionistas se concentram no medo e no fracasso. Estão o tempo todo tentando consertar o que deu "errado" em vez de aproveitar o que deu certo.

Portanto, deixe o perfeccionismo para aqueles que não conseguem evitá-lo. Faça um bom trabalho – um ótimo trabalho –, o melhor de que for capaz, mas esteja disposto a aceitar o bom como suficiente. Você será mais feliz e mais produtivo.

MAIS QUE UMA PIADA

Você é perfeccionista ou apenas altamente motivado? As perguntas a seguir podem ajudá-lo a saber se você deve dar um tapinha de parabéns nas próprias costas... ou procurar um psicólogo o mais rápido possível.

1. **Qual destas opções melhor descreve seu sentimento ao concluir um projeto?**
   a) Fiz o melhor que pude e ficou bom o bastante.
   b) Vou fazer isso direito ou morrerei tentando.

2. **Quando assumo um projeto, me sinto...**
   a) empolgado e cheio de energia.
   b) sobrecarregado e com medo de me sair mal.

3. **Quando termino um projeto, geralmente me sinto...**
   a) satisfeito com o que fiz.
   b) decepcionado com os erros que cometi.

4. **Meus padrões são...**
   a) altos, mas razoáveis.
   b) tão altos que é difícil terminar as coisas.

5. **O fracasso é...**
   a) às vezes inevitável.
   b) sempre inaceitável.

Uma última consideração: "É preciso coragem e habilidade para manter mesmo uma vida totalmente comum. Perseverar

através dos desafios do amor, do trabalho e dos filhos é um heroísmo silencioso. Deveríamos recuar um passo e reconhecer – não com deslumbramento, e sim de modo muito realista – *que nossa vida é boa o suficiente* e que isso é, em si, um grande feito."
– Nikos Marinos

27

Paciência de monge

"A roda que guincha nem sempre recebe graxa.
Às vezes ela é trocada."
– Provérbio sérvio

Um rapaz decide entrar como noviço em um mosteiro budista e fazer voto de silêncio. Ele é informado de que uma vez por ano terá uma reunião com o abade (o monge-chefe) e que nessa ocasião poderá dizer duas palavras. O rapaz concorda e se lança na vida monástica, passando o tempo em contemplação profunda e ajudando os outros monges nas tarefas cotidianas.

Um ano se passa. O rapaz é chamado à sala do abade, que lhe pergunta o que ele deseja dizer. O noviço responde:

– Trabalho... duro.

O abade assente e o manda de volta a suas atividades.

Mais um ano se passa. Quando é chamado de novo à sala do abade, ele diz:

– Chão... frio.

O abade assente e o manda de volta a suas atividades.

O terceiro ano se passa e de novo ele vai à sala do abade.

– E então, filho? – pergunta o abade.

O noviço diz:

– Comida... ruim.

O abade se põe de pé num salto e exclama:

– Já ouvi o suficiente. Junte suas coisas e vá embora.

O noviço fica perplexo.

– Por quê? – pergunta ele.

– Por quê? Ora, porque você só fez reclamar desde que chegou aqui!

LIÇÃO DE VIDA

Infelizmente, um pouco de negatividade causa grandes estragos. Não é preciso muito para criar a impressão de que você vive reclamando. E assim que o ouvinte tem essa impressão, é difícil desfazê-la. E tem mais: quando você é percebido como um reclamão crônico, menor é a probabilidade de as pessoas se lembrarem das coisas boas que você faz ou diz. Pode não ser justo, mas é o que acontece. Elas vão simplesmente ignorar você.

Na verdade, existe uma base científica para essa reação. Pesquisadores da Universidade Stanford descobriram que meia hora de reclamações por dia pode causar danos ao cérebro de quem as ouve. Ou seja, talvez seja só uma forma intuitiva de se proteger. Mas não é só isso: pesquisas neurológicas recentes indicam também que a negatividade é contagiosa. Trevor Blake afirma em seu livro *Three Simple Steps* (Três passos simples): "Quanto mais repetimos um comportamento, mais nos tornamos esse comportamento... O que significa que quanto mais você se cerca de reclamões, maior é a probabilidade de também se tornar um reclamão."

MAIS QUE UMA PIADA

Na próxima vez que sentir vontade de dizer alguma coisa negativa, tente respirar fundo e fazer uma pausa antes. Imagine como seu comentário será recebido; pergunte-se como as pessoas provavelmente reagirão. Será que reclamar vai realmente mudar alguma coisa – além da opinião dos outros a seu respeito? E, se não vai servir para melhorar as coisas, de que adianta reclamar? Outro motivo para evitar queixas: estudos mostram que reclamar faz as pessoas se sentirem *pior* depois. Além disso, provavelmente elas vão reclamar ainda mais, porque estão criando no cérebro caminhos neurais que se tornarão a base de novos hábitos. Assim, parece que a única coisa que reclamações podem lhe render com certeza são mais reclamações.

28

O caminho fácil

"Sempre existem duas alternativas. Duas opções de caminho a tomar. Um é fácil... e a única recompensa que oferece é a facilidade."

– Anônimo

Certa noite, um sujeito está voltando de uma festa a pé para casa quando vê, à luz de um poste, um homem de smoking e uma mulher com vestido de gala, ambos engatinhando pela calçada.

Ele se aproxima e pergunta:

– Com licença, o que é que vocês estão fazendo?

A mulher o encara com tristeza e responde:

– Perdi meu anel de diamante!

– Que coisa! – exclama o sujeito. – Vou ajudar vocês.

Ele se põe de quatro e começa a procurar. Examina com atenção cada centímetro da rua, do meio-fio e da calçada, e depois de meia hora está convencido de que vasculhou toda a área. Nem sinal do anel.

– Sinto muito, senhora, mas procuramos em toda parte e simplesmente não encontrei anel algum. A senhora tem certeza de que o perdeu aqui?

– Ah, não – responde ela, apontando para o outro lado da rua. – Foi ali.

O sujeito não consegue acreditar no que ouve.

– Então por que está procurando *aqui*?

– Ah, é que aqui a luz é melhor.

LIÇÃO DE VIDA

Procurar o que você realmente deseja na vida é um grande compromisso. Não existe garantia de encontrar, mesmo procurando nos lugares mais promissores, mas, se você procurar onde *sabe* que não vai encontrar, só estará desperdiçando um tempo precioso. Claro, pode ser mais confortável ficar onde "a luz é melhor" e onde a busca é mais fácil, mas no final você não vai conseguir o que procura. A escolha é sua: conforto… ou realização.

MAIS QUE UMA PIADA

Você está procurando no lugar certo? Em algum nível, você já sabe a resposta. Se está tendo dificuldade para descobrir, talvez precise treinar ouvir a intuição, sua "voz interior". O surpreendente é que você pode realmente treinar isso. Evidências científicas sugerem que quanto mais você tenta escutar essa voz, melhor consegue captá-la. "É tudo uma questão de aprender a usar informações inconscientes armazenadas no cérebro", explica um pesquisador.

Quer começar um "diálogo interno"? Aqui vão algumas perguntas para fazer a si mesmo:

- Você gosta do que faz? E quanto a onde o faz?
- Se você só tivesse um ano de vida, o que faria?
- Você sente que está evoluindo?
- Você sempre acaba na mesma situação?
- Você está fazendo concessões com as quais não se sente confortável?
- Só está fazendo isso porque é seguro e fácil?

Se você não conseguir escutar sua voz interior, tente ouvir seu corpo. Problemas físicos crônicos, como insônia, ansiedade e estresse, às vezes decorrem de conflitos internos. Se você não está se sentindo saudável, motivado ou alegre, talvez seja seu corpo lhe dizendo que é hora de procurar a realização em outro lugar.

29

Oi, eu tenho que ir

"Nada faz a gente se sentir tão forte quanto um pedido de ajuda."
– Papa Paulo VI

Um sujeito entra no consultório de um psiquiatra.

– Qual é o problema? – pergunta o médico.

– Tenho dificuldade para fazer amigos – responde o sujeito. – Será que você pode me ajudar, seu sacana gordo e feio?

LIÇÃO DE VIDA

Às vezes acabamos afastando exatamente as pessoas com quem contamos para nos ajudar. O motivo: somos ambivalentes com relação a pedir ajuda, porque sentimos como se fosse uma admissão de fracasso ou fraqueza. Mas não é. Na verdade, pedir ajuda é sinal de força: uma indicação de que estamos preparados para enfrentar nossos demônios e vencê-los.

Portanto, não ceda à voz irritante na sua cabeça dizendo que você *deveria* conseguir fazer as coisas sozinho. Confie na sua outra voz – aquela que diz como você é inteligente por pedir ajuda. Depois, deixe as desculpas de lado e aceite a assistência de que precisa.

MAIS QUE UMA PIADA

Especialistas dizem que um dos motivos para nossa dificuldade em pedir ajuda é que nunca aprendemos a fazer isso do jeito certo. Portanto, aqui vão cinco sugestões práticas que podem lhe ser úteis:

1. **Redefina sua busca como algo positivo.** Você não é um pedinte, só deseja melhorar sua vida. Não está pedindo ajuda, está procurando apoio. Não se sinta fraco por estar pedindo: seja grato por não precisar passar por isso sozinho.

2. **Seja criativo ao pensar em quem você vai procurar para pedir ajuda.** Em seu mundo existem pessoas com experiência em lidar com o tipo de problema que você está enfrentando? Digamos: se estiver tentando aprender a mexer no celular, será que você conhece algum adolescente que estaria disposto a ajudar? Se está prestes a fazer uma cirurgia, conhece alguém que já passou por esse procedimento?

3. **Se é difícil dar o grande passo e fazer o pedido, tente enxergá-lo como um convite.** Estudos demonstram que você provavelmente vai encontrar ajuda mais rápido do que espera, porque as pessoas gostam de ajudar. E, se você expressar gratidão espontaneamente, pode até estreitar os laços.

4. **Peça pessoalmente.** E seja específico ao explicar sua necessidade, para que a pessoa entenda claramente o que está sendo pedido e para que você possa avaliar se ela realmente será útil.

5. **Apresente seu problema de um modo que permita à pessoa que está te ajudando ser um pouco "dona" dele.** Isto é, faça com que ela sinta que vai influenciar o seu sucesso. Por exemplo, se você tratá-la como especialista e deixar claro que depende do conhecimento dela, é mais provável que ela tenha interesse pessoal em ajudá-lo e que não o abandone no meio do caminho.

30

Levantar âncoras!

"A manipulação das palavras é a ferramenta básica para a manipulação da realidade."
– Philip K. Dick

Um capitão de navio decidiu testar um dos seus recrutas novatos.

– Digamos que uma tempestade esteja se aproximando a estibordo. O que você faria? – perguntou ele.

– Baixaria uma âncora, senhor – respondeu o marinheiro, confiante.

– Certo. Então digamos que uma segunda tempestade viesse a bombordo. O que você faria?

– Baixaria outra âncora, capitão.

– E se outra tempestade viesse pela proa?

– Baixaria outra âncora, capitão!

– Olhe para trás! – gritou o capitão. – Agora tem uma quarta tempestade vindo pela popa! O que você faria?

– Baixaria outra âncora, senhor!

– Espere aí – disse o capitão. – De onde você está tirando todas essas âncoras?

– Do mesmo lugar de onde o senhor está trazendo todas essas tempestades.

LIÇÃO DE VIDA

Toda conversa se apoia em uma estrutura: as suposições e os pontos de vista que a definem. Nessa piada, o capitão estrutura a conversa como um desafio ao conhecimento do marinheiro – mas o marinheiro contra-ataca reestruturando-a como uma hipótese ridícula. A lição: quem controla a estrutura controla a conversa. Qualquer pessoa é capaz de desenvolver essa habilidade. E, se você fizer direito, ninguém vai nem perceber o que você está fazendo.

MAIS QUE UMA PIADA

O objetivo de estruturar uma conversa não é dominá-la. É o oposto – porque estruturar só funciona se as outras pessoas estiverem totalmente envolvidas na discussão, expressando as próprias ideias. Você vai apenas direcionar a conversa de modo que as pessoas pensem num assunto que *você* escolheu. Você é o timoneiro; guie a conversa para a direção em que quer que ela vá – e, quando ela sair do rumo desejado, traga-a de volta suavemente. Alguns modos de fazer isso:

1. **Faça perguntas.** Assim você determina o assunto e faz com que as ideias da outra pessoa sejam respostas às suas. A ciência mostra que falar sobre nós mesmos e sobre o que pensamos estimula um centro de prazer no cérebro. Assim, mesmo que você esteja guiando as outras pessoas, elas vão se sentir bem. Dê a elas muito tempo para falar.

2. **Valide.** Se alguém se desviar do assunto ou tentar mudar a estrutura, você pode retomar o controle validando o que a pessoa disse e, ao mesmo tempo, guiando-a de volta para a conversa que você quer. Exemplo: *Esse é um bom argumento, mas como você acha que se aplicaria ao...* Assim você demonstra respeito e mantém as pessoas envolvidas na conversa, mas assume o controle da estrutura. O fundamental é: não discuta; guie.

3. **Preste atenção.** Se alguém parecer desconfortável com o assunto ou o rumo da discussão, pergunte isso diretamente à pessoa e a

encoraje a dizer o que pensa; depois, ofereça apoio. Por menor que seja a questão, deixar de abordá-la pode provocar certo afastamento dos outros. Além disso, dessa maneira você estará ganhando a confiança da pessoa ao demonstrar que se importa. Se ela ficar agressiva, não reaja do mesmo modo; permaneça firme e inabalável.

4. Use a linguagem do outro. Preste atenção nas palavras e expressões que as outras pessoas usam com frequência e as use de modo estratégico. Além de gerar conexão, isso permite que você acesse diretamente o modo de raciocínio delas.

31

O corpo fala

"É um gesto bastante grosseiro, mas pelo menos fica claro o que você quer dizer."
– Katharine Hepburn

Um idoso e uma idosa estão sentados num banco em uma casa de repouso. O homem diz:

– Veja só, eu esqueci quantos anos tenho.

– Não se preocupe – diz a mulher. – Eu posso te dizer quantos anos você tem. É só tirar a roupa e se curvar.

O homem fica intrigado, mas mesmo assim tira a roupa e se curva. A mulher o olha de cima a baixo e decreta:

– Você tem 83 anos.

Ele fica pasmo.

– Sério? Como você sabe?

A mulher responde:

– Você me contou ontem.

LIÇÃO DE VIDA

Você se considera um mistério para os outros? Pense melhor. Quase sempre as pessoas sabem mais a seu respeito do que você imagina. Talvez você tenha esquecido o que contou a elas no dia anterior, porém o mais provável é que tenham sabido por causa da comunicação não verbal. As pessoas com quem você interage estão constantemente observando seus padrões de fala, suas expressões faciais, seus gestos, sua linguagem corporal, etc., tudo em busca de pistas de quem você é (não fique paranoico: você também faz isso).

Você não precisa fazer nada com essa informação. Apenas tenha consciência de que seu eu verdadeiro está à mostra para qualquer um que preste atenção. E se estiver se perguntando se deve se abrir com alguém em relação a alguma coisa que está lhe acontecendo... bom, não fique surpreso se a pessoa já souber.

MAIS QUE UMA PIADA

Nós "falamos" com as outras pessoas sem perceber de quatro maneiras:

1. **Linguagem corporal.** Segundo pesquisadores, a linguagem corporal evoluiu ao longo de milhares de anos e é praticamente a mesma em todo o mundo. Arrastar os pés ou andar curvado demonstra falta de autoconfiança, semicerrar os olhos enquanto baixa o queixo indica raiva, inclinar a cabeça para o lado pode ser sinal de curiosidade ou de flerte... E por aí vai.

2. **Gestos.** Em geral, os gestos são culturais, mas alguns são universais. Instintivamente sabemos, por exemplo, que quando uma pessoa estende as mãos para nós com as palmas viradas para cima, ela está comunicando honestidade. Levar a mão à boca é sinal de apreensão. E tocar o peito com a mão espalmada é expressão de ansiedade e postura defensiva.

3. **Microexpressões.** Esses movimentos faciais quase imperceptíveis acontecem no brevíssimo tempo de 1/25 de segundo. Nós os registramos inconscientemente – e talvez seja assim que "sentimos" quando uma pessoa não está sendo 100% honesta. Por exemplo, você pode parecer calmo, mas, se os músculos ao redor da sua boca estiverem ligeiramente retesados e suas sobrancelhas se erguerem

por ao menos *uma fração de segundo*, as pessoas podem perceber que tem algo estranho – especificamente, que você está com medo ou mentindo. Cientistas especulam que desse modo expressamos sete emoções diferentes – repulsa, raiva, medo, tristeza, felicidade, surpresa e desprezo – e que é extremamente difícil fingi-las.

4. **Espelhamento.** Se sentimos conexão com alguém, inconscientemente usamos expressões faciais e linguagem corporal semelhantes às da pessoa. Se você sorri, eu sorrio também. Se você põe a mão na cintura, então eu faço isso. Às vezes as pessoas imitam outras de forma idêntica; outras vezes, é algo mais sutil, como se inclinar na mesma direção que o outro ou fazer gestos com a mesma mão. A ausência desse comportamento também é significativa: indica distância emocional. Se uma pessoa não está nos espelhando, é como se anunciasse que não está envolvida na interação e talvez não nos aprove.

32

Nada mais que a verdade

"Não existem verdades inteiras;
todas as verdades são meias verdades."
– Alfred North Whitehead

Um jovem marujo chamado Charlie bebeu álcool pela primeira vez na vida e ficou bastante desleixado. No dia seguinte, viu que o capitão tinha escrito no diário de bordo: "Hoje Charlie ficou bêbado."

Charlie foi até o capitão e pediu que ele acrescentasse à anotação que era a primeira vez que ele bebera, argumentando:

– Senão vai parecer que isso é algo comum para mim, e não é mesmo!

– Que pena – disse o capitão. – Mas a anotação foi verídica, portanto não será mudada.

Alguns dias depois, quando Charlie era o encarregado de escrever no diário, ele anotou:

– Hoje o capitão estava sóbrio.

LIÇÃO DE VIDA

Só porque algo é verídico não significa que seja exato… ou que conte a história completa.

MAIS QUE UMA PIADA

Tentar enganar os outros usando declarações verídicas é dissimulação. As pessoas fazem isso rotineiramente, e um estudo realizado em Harvard mostra que, mesmo sendo desonesto, costumamos considerar isso mais aceitável do que a mentira explícita. Estas são as cinco maneiras mais comuns de dissimulação:

1. **Seleção.** As pessoas escolhem alguns fatos que confirmam seu ponto de vista e ignoram qualquer coisa que o contradiga, depois apresentam os dados como se fossem prova definitiva. Soa convincente, pois os ouvintes raramente conhecem o assunto o suficiente para questionar.

2. **Desvio da atenção.** Dizem a verdade, mas desviam da pergunta. No estudo de Harvard, por exemplo, foi pedido aos participantes que vendessem um carro usado com problemas mecânicos significativos. Eles tinham a opção de serem completamente honestos, mas 71% optaram por usar esta frase capciosa: "O carro anda leve e responde muito bem. Na semana passada mesmo ele deu a partida sem problemas quando a temperatura era de 20 graus negativos." Verdade? Sim, mas também leva a um sério desvio da atenção.

3. **Exagero.** As pessoas fazem com que pequenas diferenças pareçam grandes. Se você falar com ênfase suficiente, os ouvintes podem aceitar a ideia, por exemplo, de que uma queda de 1% (ou uma alta de 1%) de participação (ou de qualquer coisa) é *chocante*. Os políticos fazem isso o tempo todo.

4. **Anedotas.** Os fatos não sustentam sua afirmação? Sem problema: em vez de usar dados, conte uma história; use a experiência pessoal de alguém para "provar" seu argumento. Claro, a experiência de uma única pessoa não prova nada, mas informações anedóticas são convincentes para muitos.

5. **Médias fajutas.** Suponha, por exemplo, que existam 11 funcionários assalariados em uma empresa. Quase todos ganham 10 mil

dólares por ano, mas um deles é o dono… que ganha 500 mil por ano. O salário médio da empresa é de 54 mil. Falso ou verdadeiro?

Ironicamente, apesar de o estudo de Harvard mostrar que as pessoas em geral consideram eticamente mais aceitável ser dissimulado do que mentir, ele também mostra que, ao descobrirem que alguém foi dissimulado, tendem a não acreditar muito nessa pessoa no futuro. A lição que fica é: no fundo, todos nós reconhecemos que dissimulação é mentira pura e simples.

33

Faça a coisa certa

"Eu tenho meus valores, e se você não gostar deles, bom, eu tenho alguns outros."
– Mark Twain

Um menino de 10 anos queria saber o que seria um bom empresário. Ele perguntou:

– Papai, o que é ética?

– Bom, é assim, filho. Você sabe que eu e seu tio Jim temos uma loja juntos, não sabe?

– Aham.

– Bom, digamos que um freguês entre na nossa loja e compre um chapéu de 50 dólares mas acabe pagando, sem querer, 20 dólares a mais. Eu divido esse valor a mais com o Jim. Isso é ética.

LIÇÃO DE VIDA

Um erro comum, sobretudo entre os mais jovens, é achar que só porque algo é nitidamente certo ou errado para eles, todo mundo acha o mesmo – ou o respeita. Isso não é justificativa para atos errados; é apenas a realidade. Exemplo: os mafiosos da série *Família Soprano* achavam ético matar alguém que os tivesse traído. O código de ética deles era o mesmo que o seu? Não (assim esperamos), mas fazia sentido para eles. Cada um tem sua própria definição de comportamento "moral". Esteja preparado para encontrar pessoas cuja bússola moral tem um norte diferente da sua.

MAIS QUE UMA PIADA

O dicionário define ética como "o conjunto de regras que determina se as ações de um indivíduo ou de um grupo são certas ou erradas". Assim, se você quiser saber o que alguém provavelmente fará numa determinada situação, examine a ética da pessoa. É como ler o livro de regras da vida dela. Mas não espere que seja um estudo fácil – nossos sistemas de crenças podem ser bem complicados. Por exemplo, uma pessoa talvez considere certo roubar de estranhos mas não de amigos; mentir para o chefe mas não para a esposa; colar numa prova mas não trapacear nos esportes. Decifrar essas contradições pode ser desafiador, mas lembre:

- **Não deixe que seus valores o impeçam de enxergar com clareza os valores dos outros.** É um paradoxo que nossos valores pareçam absolutos para nós quando, na verdade, são muito pessoais.

- **Cada pessoa tem um conjunto de valores éticos que a orienta**, e, desde que exista uma lógica interna nesse conjunto, ela provavelmente não se importa se as regras fazem sentido para você (nem para ninguém, por sinal).

- **Você não precisa concordar com a ética das outras pessoas nem aprová-la.** Mas, se não conseguir entendê-la nem aceitá-la como é, vai ficar em posição desvantajosa nos negócios, na política e em todas as interações sociais.

34

O plano B

"Se você não tem um plano B, não tem plano nenhum."
– Adam Bryant

Certa manhã, um homem olha pela janela do quarto e vê um enorme urso-pardo na árvore do seu quintal. Ele procura no jornal e… sim, existe um anúncio de um tal de Bob Removedor de Ursos. O homem liga para o número e 20 minutos depois Bob aparece à porta dele.

– Ainda bem que você veio! – diz o homem a Bob. Ele então o leva ao quintal e, apontando para o urso, pergunta: – Você pode me ajudar?

– Claro. Mas vou precisar da sua ajuda… e de alguns materiais especiais. – Minutos depois, Bob volta da caminhonete com uma escada, um bastão de beisebol, uma coleira de cachorro, um pastor-alemão e uma espingarda. – Preste atenção. Vou subir na árvore pela escada e dar uma cacetada no urso com o bastão. Você fique aqui e segure o meu cão pela coleira. No momento em que eu der a pancada, solte o cachorro. Ele foi treinado para fazer uma única coisa: agarrar a genitália do urso com os dentes e só soltar quando o animal estiver totalmente dominado. Entendeu tudo direitinho?

– Claro – responde o homem. – Mas e a espingarda, para que serve?

– Ah, esse é o plano B. Se o urso me derrubar da árvore, atire no cachorro.

LIÇÃO DE VIDA

Sejamos realistas. É impossível que *todos* os seus planos saiam como previstos (ver Piada 63). E o que acontece quando um deles não funciona?

Se você tiver um plano de contingência na manga (um plano B), já aumentou suas chances. Não espere os problemas surgirem. Ter um plano B pronto (e talvez um C e um D também) não somente aumentará suas chances de sucesso como vai lhe dar mais confiança, reduzir a tensão e permitir que você seja mais flexível e criativo à medida que os acontecimentos evoluírem.

MAIS QUE UMA PIADA

Especialistas recomendam criar um plano B ao mesmo tempo que você cria o plano A. Entenda por quê:

1. **Assim que você iniciar um projeto,** provavelmente não terá tempo (nem vontade) para se concentrar em fazer planos. Toda a sua atenção estará voltada em tentar cumprir os prazos e resolver os problemas do momento.

2. **É mais fácil superar a resistência no início.** "Na maioria das vezes, as pessoas ficam pouco motivadas a desenvolver um plano B forte porque têm um envolvimento emocional muito grande com o plano A", explica um especialista em gestão de risco. Resultado: "Ele é jogado para o final da lista de tarefas e acaba nunca sendo feito."

3. **Nos primeiros estágios do planejamento,** você corre menos risco de esquecer detalhes importantes… e, como de qualquer modo provavelmente estará avaliando alternativas, esse é um bom momento para escolher suas duas prediletas e chamá-las de plano A e plano B.

4. **É uma boa ideia determinar qual será o "gatilho"** - o incidente ou circunstância que avisará que é hora de acionar o plano B - *antes* de entrar em ação. Aproveite para definir também *como* passar para o plano B caso seja necessário recorrer a ele.

5. **É uma oportunidade para trazer mais pessoas para o processo.** "Você não pode assumir um projeto inteiro sozinho e esperar que dê certo", insiste um empresário de renome, explicando que, se você fizer a coisa do modo certo, não terá "apenas um plano B, terá outras pessoas disponíveis para ajudá-lo na execução quando chegar a hora".

35

Pegando no pé

"Difame, difame, alguma coisa vai acabar pegando."
– Pierre Beaumarchais

Todos os dias, na ida para o trabalho, uma mulher passa por uma pet shop. Um dia ela vê um papagaio na vitrine. Quando para a fim de admirar o pássaro, ele diz:

– Ei, dona! Você é feia. – Perplexa, a mulher olha em volta e o papagaio diz: – É, estou falando com você. Dá o fora. Você está assustando os filhotinhos!

A mulher vai embora furiosa.

No dia seguinte, quando ela passa pela loja, o mesmo papagaio está lá. Ele diz:

– Uau! Dona, você é *muito* feia mesmo!

Isso se repete várias vezes, até que um dia a mulher não aguenta mais, entra na loja e diz ao dono que, se o papagaio chamá-la de feia mais uma vez, ela vai processar o homem e arrancar até o último centavo dele.

– Desculpe, senhora – diz o dono. – Prometo que ele nunca mais vai fazer isso.

No dia seguinte, quando a mulher passa pela loja, o papagaio diz:

– Ei, dona.

A mulher para, vira-se e o encara. O papagaio sobe no poleiro e começa a se balançar de leve, depois olha para outro lado e diz apenas:

– Você sabe.

LIÇÃO DE VIDA

Qualquer pessoa pode entrar na sua cabeça, se quiser. É só ficar repetindo a mensagem que com o tempo você a internaliza. Isso não é especulação: estudos científicos já provaram que, depois de sermos expostos à mesma mensagem determinado número de vezes, nosso cérebro começa a processá-la como se tivesse nos ocorrido espontaneamente.

Mas calma que tem mais. A ciência também provou que os seres humanos têm uma *tendência negativa* inata, isto é, costumamos prestar mais atenção nas ideias negativas do que nas positivas. Quando você junta essas duas características, entende como é fácil para os narcisistas fazerem mal às pessoas usando palavras. Eles nos bombardeiam com mensagens negativas e em pouco tempo estamos dizendo as mesmas coisas para nós mesmos.

Você não pode impedir que tentem influenciar seu pensamento desse modo, mas pode reconhecer um jogo de poder e aprender a desviar. Sua melhor defesa é conhecer as estratégias da pessoa e observar o que acontece quando ela tenta usá-las… ou quando *você* tenta (admita: todos nós fazemos isso de vez em quando).

MAIS QUE UMA PIADA

Em seu livro *Como enfrentar a violência verbal*, Patricia Evans cita vários mecanismos que os valentões verbais usam para tentar influenciar o que pensamos sobre nós mesmos. Seguem cinco exemplos nos quais se deve prestar atenção:

1. **Contestação.** Tudo que você disser, mesmo se estiver apenas expressando uma preferência pessoal, eles vão rebater dizendo o oposto. Não é simplesmente discutir: é um ataque desdenhoso.

2. **Bloqueio e desvio.** Você tem um comentário ou observação a fazer? Eles vão alterar o rumo da conversa para impedir... ou vão simplesmente ignorar você.

3. **Diminuição.** É um ataque passivo-agressivo à sua autoestima. Evans explica: "[Essa atitude] trata seu trabalho, seus esforços, seus interesses e suas preocupações como insignificantes. Isso é feito de maneira muito dissimulada, quase sempre com inocência fingida." Por exemplo, a pessoa pode "inocentemente" minar seu orgulho por um feito ao dizer algo como: *Mas você não vinha trabalhando nisso há um tempão?*

4. **Invalidação.** Isso faz com que você questione a validade dos próprios pensamentos, sentimentos ou experiências. Por exemplo: você diz a uma pessoa que algo que ela fez magoou seus sentimentos e ela desdenha dos seus sentimentos *Você é sensível demais.*

5. **Julgamento e crítica.** Não há nada sutil nisso: é um ataque direto, que geralmente começa com a palavra "você". Diz Evans: "A maioria das declarações que começam com 'você' é cheia de julgamentos, críticas e acusações." Por exemplo: *Você nunca está satisfeito* ou *Você está sempre na defensiva* ou (se for um papagaio) *Você é muito feia mesmo.*

36

Elementar

"Às vezes as perguntas são complicadas
e as respostas são simples."
– Dr. Seuss

Sherlock Holmes e Watson estão acampando. Depois de um bom jantar e uma garrafa de vinho, os dois vão dormir. Algumas horas depois, Holmes acorda e cutuca o amigo fiel, dizendo:

– Watson, olhe para o céu e me diga o que vê.

– Vejo milhões e milhões de estrelas, Holmes.

– E o que você deduz disso?

Watson pensa por um instante.

– Bom, em termos astronômicos, isso me diz que existem milhões de galáxias e potencialmente bilhões de planetas. Em termos astrológicos, observo que Saturno está em Leão. Em termos meteorológicos, suspeito que fará um dia lindo amanhã. Em termos teológicos, vejo que Deus é todo-poderoso e que somos uma parte pequena e insignificante do universo. E você, Holmes, o que deduz disso?

Holmes fica em silêncio por um momento, depois diz:

– Watson, seu idiota, roubaram nossa barraca!

LIÇÃO DE VIDA

Quando você pensa demais numa situação, é fácil deixar de perceber o que está bem na sua frente. O problema que você está enfrentando *pode* exigir uma análise complexa, mas não faz sentido olhar primeiro para a solução óbvia? Isso é ainda mais verdadeiro se a situação exigir ação. Podemos acabar vítimas daquilo que os especialistas chamam de *paralisia por análise*, que é a incapacidade de tomar decisões porque estamos ocupados demais tentando ver todos os lados da questão. Resultado: perdemos de vista não somente a resposta óbvia, mas também a pergunta original.

MAIS QUE UMA PIADA

Algumas dicas simples para não pensar demais:

- **Não tenha medo de fazer perguntas "idiotas" – especialmente se as pessoas estiverem usando jargão ou linguagem técnica.** É fácil deixar de ver o óbvio e se enrolar quando você não entende muito bem o problema.

- **Não perca de vista o contexto.** Nenhum problema existe no vazio. Enxergá-lo em seu contexto reduzirá os riscos de expandi--lo até proporções descomunais e ajudará a mantê-lo pequeno e administrável.

- **Tente filtrar suas suposições.** "Quanto mais apaixonado fico pela minha inteligência", diz um observador, "maior a probabilidade de eu ignorar o óbvio." A estratégia dele: "Descrevo minha solução a alguém que não esteja envolvido na questão e em quem eu confie. Antes mesmo de terminar de falar, eu já descubro o óbvio, modifico a solução ou... simplesmente deixo pra lá."

37

... E a onda levou

"Se a única oração que você fizer em toda a sua vida
for 'Obrigado', já será o bastante."
– Mestre Eckhart

Uma senhora está observando o neto brincar na praia quando de repente vem uma onda enorme e o arrasta para o mar. Em desespero, ela cai de joelhos e implora:

– Por favor, Deus, salve meu neto. Por favor, eu rogo, traga meu neto de volta!

De repente vem outra onda que traz o menino de volta, intacto.

A velha olha para o céu e diz:

– Cadê o chapeuzinho dele?

LIÇÃO DE VIDA

Já notou que, mesmo que tenhamos bastante, vamos sempre querer um pouco mais? É da natureza humana. Ironicamente, estudos demonstraram que a gratidão pelo que já temos nos deixa mais felizes do que obter mais. Assim, na próxima vez que lhe acontecer algo bom, aproveite a oportunidade para refletir sobre a sorte que você tem… e agradecer.

MAIS QUE UMA PIADA

Quando exprimimos gratidão, nos sentimos melhor tanto mental quanto fisicamente. A gratidão pode ajudar você a…

... dormir melhor. Segundo o *Journal of Applied Psychology*, um estudo feito em 2011 mostrou que pessoas que reservavam 15 minutos antes de dormir para escrever num "diário de gratidão" dormiam melhor do que aquelas que não faziam isso.

... se sentir melhor. Segundo um estudo de 2012, pessoas que eram gratas pela vida também diziam ter menos dores do que aquelas que não eram. Outros estudos descobriram que a gratidão reduz sentimentos negativos como ciúme, ressentimento e depressão, ao mesmo tempo que aumenta a sensação de bem-estar.

... fazer com que *outras* pessoas se sintam melhor. Um estudo publicado na revista *Psychological Science* revelou que pessoas que nutriam um sentimento maior de gratidão pela vida também tinham mais probabilidade de oferecer ajuda, o que aumentava a própria felicidade e a daquelas a quem a ajuda era dispensada.

Para terminar, aqui vai uma dica da Escola de Medicina de Harvard: "Escreva um bilhete de agradecimento para alguém, expressando satisfação e apreço pelo impacto dessa pessoa em sua vida. Mande-o ou, melhor ainda, entregue-o em mãos e o leia pessoalmente, se possível. Desenvolva o hábito de mandar pelo menos uma carta de gratidão por mês. De vez em quando, escreva uma para si mesmo."

38

Efeito instantâneo

"Só existe uma coisa mais dolorosa do que aprender com a experiência: não aprender com a experiência."
– Laurence J. Peter

Dois garotos estão andando pela floresta quando encontram alguns cocôs de coelho. Um dos meninos pergunta:

– Ei, que negócio é esse?

– São pílulas de inteligência – responde o amigo. – Você come e fica mais inteligente.

O primeiro garoto come algumas bolinhas e diz:

– Eeeca… tem gosto de cocô.

E o outro responde:

– Viu? Você já está ficando mais inteligente.

LIÇÃO DE VIDA

Todos nós procuramos um caminho fácil para a sabedoria. (Ei, você está lendo este livro, não está?) Infelizmente, não existem "pílulas de inteligência". O que funciona mesmo é aprender com a experiência. Claro, tal como o garoto da piada, nem sempre aprendemos do modo mais fácil; algumas lições podem ser bem desagradáveis. Mas a boa notícia é que, uma vez assimiladas, você nunca mais as esquece… e não vai precisar passar o resto da vida confundindo cocô de coelho com pílulas da inteligência.

MAIS QUE UMA PIADA

Não precisamos que ninguém nos diga como aprender com a experiência, mas uma teoria proposta na década de 1970 pelo psicólogo David Kolb pode ajudar a entender e controlar o processo.

Kolb sugere que o aprendizado pela experiência se dá em quatro etapas: não aprendemos apenas fazendo, mas também refletindo sobre o que fizemos, pensando o que pode funcionar melhor (ou o que funciona bem) e testando novas ideias para ver se fazem sentido. Então todo o processo recomeça. Kolb chama isso de ciclo de aprendizagem (veja o diagrama a seguir).

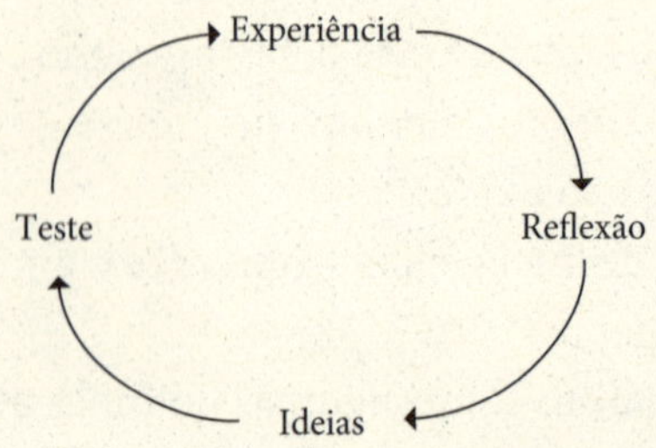

Um dos pontos mais interessantes dessa teoria é que ela reconhece que cada um aprende de um jeito, dependendo da situação. Segundo Kolb, devido a nossa herança genética, as nossas experiências de vida e as exigências do nosso ambiente, o melhor modo de aprender varia de acordo com cada um. Assim, a aprendizagem pela experiência não começa necessariamente com a experiência em si – pode começar em qualquer ponto do ciclo. Digamos que você queira pintar uma casa; você pode começar a aprender observando um pintor e refletindo sobre o que vê, ou pode começar lendo um livro sobre pintura de paredes e tendo ideias sobre as melhores práticas, ou ainda simplesmente pegando uma lata de tinta e começando a passar na casa. Assim que o ciclo é iniciado, você está aprendendo de um modo que funciona para você.

39

Interesses ocultos

"Os homens que telefonam só para dar um oi geralmente têm outras intenções."
– Stieg Larsson

Um senhor entra num confessionário e diz ao padre:

– Padre, estou com 80 anos e casado há 50, mas acho que agi mal. Ontem fui para casa com duas lindas mulheres de 20 anos e fiz amor com elas a noite toda.

O padre reflete sobre a situação e pergunta:

– Quando foi a última vez que você se confessou, filho?

– Nunca – responde o velho. – Eu sou judeu.

– Então por que me contou isso?

– Ora essa, estou contando para todo mundo!

LIÇÃO DE VIDA

Assim como o velho da piada, cada um tem seus interesses, e não há nada de errado nisso. O problema acontece quando as pessoas escondem seus interesses e tentam se apropriar dos interesses dos *outros* em benefício próprio. Lidar com os interesses ocultos de outras pessoas é um desperdício de tempo frustrante. E, acima de tudo, pode impedir que você alcance seus objetivos. Portanto, se achar que alguém está manipulando você, evite essa pessoa. E, caso não possa evitá-la, reduza o contato ao mínimo necessário e siga com sua vida. Afinal de contas, quem precisa dessa encrenca?

MAIS QUE UMA PIADA

Como saber que uma pessoa tem interesses ocultos? Tudo começa com a sensação de que alguma coisa não está totalmente certa. Quando ouvir essa vozinha falar com você, fique atento. Observe com cuidado o seguinte:

- **A linguagem corporal.** Ela revela muita coisa sobre os pensamentos que não expressamos. Alguém evita o contato visual quando você faz uma pergunta direta? Fica de braços cruzados? Afasta o corpo? Pisca muito quando fala? Todos esses podem ser sinais de que a pessoa está escondendo alguma coisa ou não está dizendo toda a verdade.

- **Os gestos.** As pessoas fazem gestos enérgicos com as mãos para enfatizar um argumento e gestos suaves para mostrar que se importam. Observe o que a pessoa faz com as mãos: é coerente com o que ela está dizendo? Se não for, ela pode ter interesses ocultos.

- **O tom de voz.** Ele acompanha a ideia da mensagem? É alto demais? Baixo demais? A pessoa está falando muito depressa? Esteja atento a sinais de raiva.

- **O assunto abordado.** Você tenta falar sobre o clima, mas a pessoa insiste em falar que precisa de alguém para tomar conta da avó no sábado. Se a conversa parece sempre voltar para a própria pessoa e para alguma necessidade dela, está claro que ela tem outros interesses em mente.

40

Quem é que manda aqui?

"Se um gato preto atravessa o seu caminho, significa que ele está indo a algum lugar."
– Groucho Marx

Um homem encontra um amigo na rua e pergunta:

– Ei, o que houve? Você parece meio pra baixo.

O amigo suspira.

– Pois é. Eu realmente achava que hoje era meu dia de sorte. Acordei exatamente às 7 da manhã e percebi que era 7 de julho, o sétimo dia do sétimo mês. Aí me vesti e encontrei exatamente 7 dólares no bolso da calça. *Só podia ser um sinal!* Então peguei o ônibus da linha 7 até o hipódromo, e imagina só: o sétimo cavalo do sétimo páreo se chamava Seven-Up... e estava pagando 7 para 1! Apostei 700 dólares nele.

– E aí? – perguntou o amigo.

– Ele chegou em sétimo lugar.

LIÇÃO DE VIDA

Em teoria, todo mundo sabe que se orientar por "sinais" ou por mensagens de biscoitos da sorte não é um modo muito confiável de levar a vida. Mas fazemos isso mesmo assim. Geralmente é só de brincadeira, algo inofensivo, mas às vezes as pessoas perdem a noção da realidade e começam a acreditar mesmo naquilo. É aí que se torna necessário um choque de realidade. É divertido achar que o universo está mandando uma mensagem secreta diretamente para você, mas, no fim, é você quem está tomando a decisão e precisará assumir as consequências.

MAIS QUE UMA PIADA

Em pesquisas recentes, mais de 50% dos americanos disseram que são "pelo menos um pouquinho supersticiosos". Especialistas atribuem isso à necessidade inata do ser humano de controlar os acontecimentos de sua vida. "As superstições dão às pessoas a sensação de que fizeram algo para alcançar o que querem", explica o psicólogo Stuart Vyse. Isso pode ser bom, mas também é uma indicação de que você está procurando afirmação fora de si mesmo.

Os psicólogos usam a expressão *lócus de controle externo* para descrever essa característica. As pessoas com um *lócus de controle interno* acreditam que estão "no controle do que acontece em sua vida", mas as que têm um lócus de controle externo acreditam que "o acaso, o destino ou forças externas determinam os acontecimentos". Estudos mostram que quem tem um lócus de controle interno geralmente é mais feliz e capaz de mais realizações. Segundo uma pesquisa feita em todos os Estados Unidos pela Universidade de Michigan, as pessoas que diziam se sentir "no controle da própria vida" também tinham "sentimentos de felicidade extraordinariamente positivos".

A boa notícia é que, ainda segundo os psicólogos, nosso lócus de controle é, acima de tudo, um comportamento aprendido. Então, se quiser desenvolver seu lócus de controle interno, você pode. E é mais fácil do que imagina. Para isso, o importante é assumir o controle da própria vida aos poucos, com mudanças pequenas e simples. Assim que você dominá-las, pode passar a dar passos maiores.

41

Eu nem imaginava

"Todos nós temos um ponto cego,
e ele tem exatamente a nossa forma."
– Junot Díaz

Uma senhora vai ao médico e reclama de sofrer de gases frequentes.

– Por sorte, meu pum nunca fede nem é barulhento – diz ela. – Inclusive eu peidei pelo menos 10 vezes desde que entrei aqui nesse consultório e aposto que o senhor nem notou!

– Sei. – O médico lhe entrega um frasco de comprimidos. – Tome um desses por dia e volte para me ver na semana que vem.

Na semana seguinte, a mulher retorna.

– Doutor, eu não sei *o que* o senhor me deu, mas, desde que comecei a tomar esses remédios, meu peido silencioso fede à beça.

– Ótimo! – diz o médico. – Agora que seu olfato está melhor, vamos resolver a audição.

LIÇÃO DE VIDA

É engraçado que a mulher possa ter tanta certeza e estar tão errada ao mesmo tempo. É evidente que todo mundo sabe algo a respeito dela que ela mesma não sabe. Mas isso não acontece com todos nós? Todos temos pontos cegos com relação às nossas limitações. De certa maneira, eles são piores do que as próprias limitações, porque, se precisamos mudar algo mas não enxergamos o que é, fica difícil fazer algo a respeito. Assim, se alguma coisa não estiver funcionando para você, tente primeiro procurar o ponto cego.

MAIS QUE UMA PIADA

Se você já tem consciência do problema, ele não é um ponto cego – pelo menos não mais. Os pontos cegos são problemas que você não percebe que tem. Aqui vão algumas dicas que vão ajudar você a enxergá-los.

Perceba como as pessoas reagem a você. Estão exprimindo desdém? Inveja? Carinho? Frustração? Afeto? Essas reações dizem alguma coisa sobre você, especialmente se vierem de várias pessoas.

Preste atenção em como descrevem você. A imagem que você faz de si mesmo bate com essa descrição? A socióloga Martha Beck sugere completar as seguintes frases como auxílio na identificação de um ponto cego:

- *Sempre me dizem que eu sou* ______________________.
- *As pessoas me elogiam por* ______________________.
- *Quando alguém está com raiva de mim, ela diz que* ______.
- *Muitas vezes me agradecem por* ____________________.

Se suas respostas estiverem alinhadas com a sua autoimagem, parabéns. Caso contrário... Pontos cegos!

Cultive amizade com pessoas de origens diversas. Alguns pontos cegos são comuns entre pessoas que têm as mesmas origens culturais ou socioeconômicas. Expor-se a diferentes culturas, origens e perspectivas ajuda a lançar luz sobre esses pontos cegos.

42

Peso morto

"Todos nós nos deparamos com uma série de grandes oportunidades muito bem disfarçadas de situações impossíveis."
– Charles Swindoll

Um rapaz da cidade grande se mudou para o interior e comprou um jumento de um fazendeiro local por 200 dólares. O fazendeiro pegou o dinheiro e prometeu entregar o jumento no dia seguinte.

Na tarde seguinte, o fazendeiro chegou à casa do rapaz… numa caminhonete vazia.

– Desculpe, moço. Tenho uma notícia ruim: o jumento morreu.

– Bom, então me devolva meus 200 dólares.

– Desculpe, moço, mas não posso devolver. Já gastei tudo.

O rapaz pensou por um momento e disse:

– Está bem, então me dê o jumento morto.

– O que você vai fazer com ele?

– Uma rifa – respondeu o homem.

– Você não pode rifar um jumento morto!

– Claro que posso – respondeu o rapaz calmamente. – Só não vou dizer a ninguém que ele está morto.

Algumas semanas depois, o fazendeiro encontrou o rapaz e perguntou a ele o que aconteceu com o jumento morto.

– Rifei. Vendi 300 bilhetes a 2,50 cada. Tive um lucro de 547,50.

Atônito, o fazendeiro perguntou:

– Incrível! E ninguém reclamou?

– Só o cara que ganhou. Então devolvi a ele seus 2,50.

LIÇÃO DE VIDA

O que o sujeito da piada fez é antiético e provavelmente ilegal, mas não podemos deixar de ficar impressionados com sua capacidade de transformar um limão em uma limonada, isto é, transformar uma situação ruim numa oportunidade. Diante de uma situação difícil, o natural é que a gente diga: *Droga, me ferrei!* Mas, como o sujeito demonstrou, sempre existe uma saída. Em vez de desistir, pare por um momento, espere o pânico passar e dê a si mesmo a chance de se adaptar às novas circunstâncias. Depois, canalize sua criatividade e veja quais ideias surgem. Após fazer isso algumas vezes, vai começar a ficar mais fácil. Você vai se surpreender com a própria engenhosidade e ficar feliz com seu sucesso.

MAIS QUE UMA PIADA

Como fazer uma situação difícil trabalhar a seu favor? Algumas dicas:

1. **Lembre que você já passou por isso antes.** Em determinado momento da vida, você certamente precisou superar dificuldades e descobrir formas de usá-las a seu favor – *todo mundo* já passou por isso. Não desconsidere essas experiências. Fortaleça-se com suas próprias histórias de sucesso.

2. **Ajuste sua percepção.** Descubra um modo diferente de enxergar a situação (ver Piada 30). Você pode não ter o que queria ou esperava, mas não fique paralisado por causa disso. Descubra um aspecto que possa desenvolver. Provavelmente ele está bem diante dos seus olhos, só falta você ver.

3. **Seja proativo.** Examine a situação em que você se encontra e identifique alguma coisa que possa influenciar. Pesquisas mostram que a sensação de estar no controle (mesmo que pequeno) gera

otimismo, um elemento fundamental para se recuperar de um possível revés.

4. **Extraia uma lição de vida.** Transforme essa experiência difícil em crescimento pessoal. Você não pode mudar o que aconteceu, mas sempre pode aprender alguma coisa com a experiência – o que promove o otimismo. Além disso, é como diz um amigo nosso: "Você pode sair dessa situação com a segurança de saber que no futuro vai tomar uma decisão melhor e mais embasada."

43

Pintura gourmet

"Imagino quanto custaria uma bolha de sabão se só houvesse uma no mundo."
– Mark Twain

Percorrendo uma galeria de arte, um homem nota duas pinturas de natureza-morta semelhantes. Ambas mostram uma garrafa de vinho, um pão e um queijo sobre uma mesa forrada com uma toalha xadrez branca e vermelha. Um dos quadros custa mil dólares e o outro, 1.500. O homem olha atentamente para os dois, mas não consegue identificar a diferença. Por fim, vai até o dono da galeria e pergunta:

– Não entendo. Por que aquele quadro é tão mais caro que o outro?

O homem sorri, aponta para o mais caro e responde:

– Aquele tem queijo importado.

LIÇÃO DE VIDA

Na próxima vez que estiver tentando decidir se alguma coisa vale o preço, pense se o valor prometido é real ou se é apenas "queijo importado". Às vezes as pessoas tentam nos convencer que alguma coisa é uma pechincha para vendê-la, mas na verdade não existe nenhum padrão universal de valor. O que importa é o valor que ela tem para você.

MAIS QUE UMA PIADA

Para provar nosso argumento, responda quanto você pagaria por:

1. Uma torrada que foi mordida pelo Justin Timberlake.

2. Um carrinho Hot Wheels cor-de-rosa chamado "Beatnik Bandit".

3. Um floco de milho com a forma do estado de Illinois.

Você provavelmente daria 1 dólar por essas coisas... quando muito. Mas essas coisas existem e foram adquiridas pelos seguintes valores: 1) 1.025 dólares; 2) 15.250 dólares; 3) 1.350 dólares.

44

Você é a bomba

"Se examinarmos com frieza a confusão que o homem fez ao longo da história, é difícil não chegar à conclusão de que ele sofre de alguma doença mental que o impele para a destruição."

– Arthur Koestler

Pairando sobre a Terra em seus discos voadores, dois alienígenas estão conversando.

– Venho observando as formas de vida dominantes neste planeta, os humanos – diz a primeira. – Parece que eles desenvolveram armamento nuclear baseado em satélites.

– Fascinante – responde o segundo alienígena. – Eles são uma inteligência emergente?

– Acho que não. As armas estão apontadas para eles mesmos.

LIÇÃO DE VIDA

Nós, terráqueos, costumamos desconsiderar alguns dos nossos comportamentos mais idiotas e autodestrutivos e até achar que são normais. Isso parece fazer parte da nossa natureza. Na verdade, todos temos alguns comportamentos autodestrutivos apontados para a nossa cabeça agora mesmo. Talvez não haja como eliminá-los, mas podemos ao menos ter consciência deles... e esse é o primeiro passo para negociar uma trégua.

MAIS QUE UMA PIADA

Quer saber onde você guardou os comportamentos autodestrutivos ocultos na sua vida? Experimente seguir as pistas que indicam onde procurar. Os cinco principais suspeitos a investigar são:

1. **Seus amigos.** São pessoas que o apoiam e tornam sua vida melhor, ou são ciumentos, competitivos e manipuladores? Se eles são nocivos em vez de cooperativos... sinal de alerta!

2. **Seu estresse.** Você ostenta o estresse como símbolo de orgulho e não como um ataque infligido à própria saúde? E se recusa a pedir ajuda? Acertou no alvo.

3. **Sua indecisão.** Todo mundo tem dúvidas em algum momento, mas se você está deixando que elas se transformem em uma total incapacidade de se decidir, chame o esquadrão antibombas.

4. **Sua atitude.** Não há nada de errado em reconhecer problemas e defeitos, mas se você é obcecado por eles e não consegue deixá-los de lado, seu dedo está no gatilho.

5. **Seus temores.** Se você evita correr riscos porque tem medo de que as coisas deem errado, provavelmente está impedindo o próprio crescimento emocional. Ser avesso aos riscos pode parecer seguro, mas, se for algo excessivo, você se deparou com um artefato explosivo.

Nota: Não entre em pânico caso se reconheça em algum desses comportamentos. Você apenas identificou seus comportamentos autodestrutivos. Agora pode começar a mudá-los (ver Piada 1).

45

A esposa nua

"O homem certo é aquele que aproveita o momento."
– Johann Wolfgang von Goethe

Um homem entra no chuveiro logo depois de a esposa terminar de tomar banho. Nesse momento, a campainha toca. A esposa se enrola rapidamente numa toalha e vai atender. É o vizinho, Mark. Antes que ela possa falar qualquer coisa, ele diz:

– Te dou 300 dólares se você largar a toalha.

Ela pensa por um segundo e larga a toalha. Depois de olhá-la por alguns instantes, Mark entrega o dinheiro.

A mulher pega o dinheiro, enrola-se na toalha de novo e volta ao banheiro.

– Quem era? – pergunta o marido.

– O Mark.

– Ah. Ele falou alguma coisa sobre os 300 dólares que está me devendo?

LIÇÃO DE VIDA

Há uma lição de negócios muito boa aqui: fique de olhos abertos e esteja sempre preparado para uma oportunidade súbita. Se você for esperto (ou sortudo) para reconhecer uma oportunidade quando ela surge (como o vizinho da piada), talvez descubra um jeito de extrair algo mais de qualquer experiência.

MAIS QUE UMA PIADA

Reconhecer uma oportunidade começa com a capacidade de enxergar as coisas a partir de novas perspectivas. E isso exige treino. Veja três maneiras de aprimorar esse talento:

1. **Procure pessoas criativas.** Elas são chamadas de criativas porque conseguem criar coisas a partir do zero – livros, poemas, filmes, pinturas, música, esculturas... tudo, enfim. Essa capacidade lhes permite enxergar alguma coisa onde os outros não veem nada. Você pode aprender com elas a enxergar novas oportunidades.

2. **Registre.** Quando alguma coisa o surpreender, anote num diário. Quando encontrar um problema, anote também. Teve uma ideia nova e achou bem legal? Anote no seu diário. Registrar essas informações por escrito vai ajudá-lo a se manter atento a oportunidades que você deixaria escapar se dependesse unicamente da memória para armazenar informações.

3. **Considere novas ideias.** Mesmo que uma ideia nova pareça arriscada demais, cara demais, difícil demais ou irreal demais, resista à tentação de descartá-la logo de cara. Deixe de lado a negatividade e reflita com cuidado sobre ela. Você pode acabar percebendo que é uma ideia ousada e que vale a pena investir nela (ver Piada 8).

46

Confiança cega

"Conhecimento é quando você lê as letras miúdas.
Experiência é o que você obtém quando não lê."
– Pete Seeger

Quatro advogados, incluindo os dois sócios do escritório, estavam viajando de trem para uma convenção. Na estação, os sócios compraram um único bilhete. Um dos advogados mais jovens perguntou:

– Como vocês dois podem viajar com um bilhete só?

– Observem e aprendam – respondeu um dos sócios.

Os quatro entraram no trem. Os mais jovens ocuparam seus lugares, mas os sócios se espremeram num banheiro e fecharam a porta. Logo depois o trem partiu e o fiscal veio recolher os bilhetes. Ele bateu à porta do banheiro.

– Bilhetes, por favor.

Uma fresta se abriu na porta e apareceu um braço estendendo um bilhete. O fiscal o pegou e foi em frente.

Os mais jovens ficaram impressionados com a técnica. Assim, na viagem de volta, os sócios sugeriram que eles fizessem o mesmo. Na bilheteria, os dois mais jovens ficaram surpresos ao ver que os sócios não estavam comprando nenhum bilhete.

– Como vocês podem viajar sem bilhete? – perguntou um dos mais jovens.

– Observem e aprendam – respondeu um dos sócios.

Os quatro entraram no trem. Os mais jovens se espremeram num banheiro, enquanto os sócios se espremiam em outro ali perto. Logo depois que o trem partiu, um dos sócios saiu e foi até o banheiro onde os outros dois estavam escondidos. Ele bateu à porta do banheiro e disse:

– Bilhetes, por favor.

LIÇÃO DE VIDA

A tentação de conseguir alguma coisa de graça pode atrapalhar a sua capacidade de julgamento... e torná-lo mais sujeito a vigaristas.

Não confie em trambiqueiros. Nunca. Se uma pessoa está se aproveitando de outra, pode apostar que fará o mesmo com você. Não se deixe enganar pensando que ela está do seu lado. Você nunca estará do mesmo lado de um vigarista, pois esse tipo só joga sozinho. E lembre-se: um bom vigarista jamais parece um vigarista. Eles parecem confiáveis – é por isso que se dão bem. Você só percebe que foi enganado quando se vê sem bilhete dentro de um trem.

MAIS QUE UMA PIADA

Um vigarista é um especialista em ganhar sua confiança só para poder te enganar. Ele pode se vestir bem, ser convincente e agradável. E o que oferece pode ser incrivelmente atraente. Mas tudo isso é programado para atrair sua atenção e depois arrancar seu dinheiro apelando para duas coisas: sua necessidade e sua cobiça.

- **Sua necessidade emocional.** A ideia de fazer uma doação a uma organização sem fins lucrativos chama sua atenção? Essa é uma abertura perfeita para um vigarista. Nosso cérebro produz um hormônio chamado oxitocina, e é por causa dele que nos sentimos bem em ajudar outras pessoas. Então você dá o dinheiro e se sente bem por ter ajudado. Mas o vigarista fica com o dinheiro... e provavelmente pede mais.

• **Sua necessidade financeira.** Você está desempregado? Enfiado em dívidas? Você pode não saber, mas tem um alvo nas costas. Os vigaristas sabem que uma "oportunidade" boa demais para ser verdade não vai parecer um trambique para você: vai parecer uma salvação.

• **Sua cobiça**. Quem não quer ganhar rios de dinheiro? Assim que a cobiça é instigada, qualquer coisa pode acontecer: abandonamos a ética, ignoramos a lógica e caímos em alardes como "oportunidade única" e "você não pode perder". Se alguém lhe oferece um "retorno garantido" para uma "dica fantástica" ou um negócio "sem riscos", está apelando para a sua cobiça. Se o negócio tem muitas promessas mas poucos detalhes, é um bom sinal de que você está sendo enganado.

47

Como estou dirigindo?

"O passado nunca morre. Nem sequer passou."
– William Faulkner

Durante uma corrida de táxi, o passageiro dá um tapinha no ombro do motorista para fazer uma pergunta. O motorista grita, perde o controle do carro, quase bate num ônibus, sobe na calçada e para a centímetros de uma vitrine. Durante alguns segundos, tudo é silêncio. Então o motorista diz:

– Olha, meu chapa, nunca mais faça isso. Você quase me matou de susto!

Completamente abalado, o passageiro diz:

– Nossa, me desculpe. Eu não imaginava que aquele tapinha fosse assustar tanto o senhor.

O motorista pensa por um instante e então responde:

– Tudo bem, não é culpa sua. Hoje é meu primeiro dia como motorista de táxi. Passei 25 anos dirigindo um carro fúnebre.

LIÇÃO DE VIDA

Às vezes achamos que estamos reagindo a eventos do presente quando na verdade estamos revivendo o passado – inconscientemente, reagindo a fantasmas de experiências antigas. Os resultados podem ser desastrosos. Se você não tiver consciência de que são as experiências do passado ao volante, então não está no controle e qualquer coisa pode acontecer.

MAIS QUE UMA PIADA

Os acontecimentos que evocam lembranças ou reações do passado são conhecidos como *gatilhos*, porque disparam uma reação desproporcional àquilo que a causou. Todos nós temos nossos gatilhos. Por exemplo: se você foi mordido por um cachorro na infância, talvez se sinta tenso sempre que um cão se aproximar – mesmo que ele seja pequeno e amistoso. Ou então, se seus pais eram controladores demais, talvez você sinta uma raiva aparentemente irracional sempre que alguém lhe dá uma ordem. E assim por diante.

Algumas estratégias para você descobrir mais sobre os seus gatilhos:

- **Pergunte a alguém em quem você confie.** Os gatilhos podem ser óbvios para as pessoas que o conhecem bem. Afinal, elas o observam há muito tempo.

- **Pergunte-se se você está reagindo ou respondendo.** Responder a uma situação é agir de modo pensado e de acordo com o momento. Reagir é automático e emocional.

- **Use sua experiência.** Quando você reagir de maneira exagerada a alguma coisa, tire um tempo para pensar no que aconteceu e no que você poderia ter feito diferente. Com isso, mapeie um cenário alternativo e se coloque nele mentalmente. Psicólogos dizem que, se você fizer isso com frequência, vai aumentar sua capacidade de modificar comportamentos futuros.

48

Herói local

"Seja paciente e forte.
Algum dia essa dor será útil para você."
– Ovídio

O mundialmente famoso Dr. Epstein foi convidado para fazer uma palestra em sua cidade natal. Na noite do evento, o auditório estava lotado de amigos, conhecidos e outras pessoas orgulhosas de seu conterrâneo. Quando ele subiu ao palco do grande auditório e colocou suas anotações no pódio, os papéis escorregaram e caíram no chão.

Ao se abaixar para pegar os papéis, o médico soltou um pum sem querer. E, como seu traseiro estava muito perto do microfone, o som amplificado reverberou em todo o local.

Ele ficou mortificado, mas conseguiu manter a compostura e fez a palestra. Quando terminou, saiu correndo pelos fundos, jurando jamais pôr os pés na cidade novamente.

Ele voltou décadas depois, para visitar a mãe idosa, que estava muito doente. Chegou à noite e se hospedou sob o nome de Levy.

– É a primeira vez que vem à nossa cidade, Sr. Levy? – perguntou o recepcionista do hotel.

– Não, meu rapaz – respondeu o Dr. Epstein. – Eu cresci aqui, mas fui embora há muito tempo.

– E nunca voltou para uma visita?

– Na verdade, eu vim uma vez, mas tive uma experiência muito embaraçosa e não consegui voltar e encarar as pessoas.

– Sr. Levy, longe de mim dar conselho a um cavalheiro tão distinto, mas uma coisa que aprendi em minha breve vida é que muitas vezes o que é embaraçoso para mim não é sequer percebido pelos outros. Talvez tenha sido assim com o senhor.

– Obrigado, mas duvido muito que isso se aplique ao meu caso.

– Por quê? Faz muito tempo?

– Sim, muito tempo.

– Hum... Foi antes ou depois do Peido do Epstein?

LIÇÃO DE VIDA

Às vezes as coisas *realmente* são tão ruins quanto parecem. Mas isso não muda nada. Você ainda precisa seguir em frente com a sua vida. O que torna isso possível é uma qualidade chamada *resiliência*: a capacidade de dar a volta por cima quando as coisas não acontecem conforme o planejado.

Isso parece impossivelmente heroico? Não é. A resiliência faz parte do ser humano, e estudos mostram que sempre podemos desenvolvê-la.

Ser resiliente não significa que você não vai sentir dor. Não há como evitar isso. Mas significa que você terá forças para atravessar os momentos difíceis – e viver para peidar mais um dia.

MAIS QUE UMA PIADA

Segundo diversos estudos, o maior inimigo da resiliência é o "sentimento de impotência". Uma série de experimentos na década de 1970 revelou que, quando nos sentimos impotentes para mudar nossas circunstâncias, tendemos a simplesmente desistir e aceitá-las. Mas os estudos sugerem também que é possível lutar e desenvolver resiliência. Algumas dicas de como fazer isso:

1. **Deixe de lado a mentalidade de "fracassado".** Você costuma internalizar os reveses como "prova" de sua incompetência e seu pouco valor? Muitos de nós fazemos isso. As pessoas resilientes, no entanto, consideram o fracasso uma chance de aprender e melhorar.

2. **Tenha objetivos.** Trabalhar na direção de objetivos específicos e honrar os compromissos nos dão um incentivo para voltarmos a ficar de pé. Isso se aplica aos negócios, aos relacionamentos pessoais e até mesmo ao trabalho voluntário. Uma dica: tente manter objetivos razoáveis. Realizá-los vai fazer você se sentir forte; não realizá-los pode fazer com que você se sinta um fracasso.

3. **Missão:** controle. As pessoas resilientes têm um lócus de controle interno (ver Piada 40); elas se sentem no controle do próprio destino e resistem à vitimização. E fazem isso se concentrando nas coisas que podem controlar, não nas que não podem.

4. **Veja o lado positivo.** As pessoas resilientes sabem que qualquer revés é apenas um evento, não o ampliam. Elas enxergam as dificuldades como algo temporário e preveem melhoria.

5. **Telefone para um amigo.** Estudos demonstram que o principal fator no desenvolvimento da resiliência é ter conexões fortes com familiares e amigos. As relações sociais nos tornam pessoas mais fortes.

49

Nem queira saber

"Deus pode perdoar pecados... mas o constrangimento não tem perdão no céu nem na terra."
– Ralph Waldo Emerson

Uma mulher vê um velho sentado numa cadeira de balanço na varanda de casa. Ela se aproxima e diz:

– Com licença. O senhor parece tão contente! Se importa se eu perguntar qual é o seu segredo para uma vida longa e feliz?

– Bom, todo dia eu fumo dois maços de cigarro, bebo meia garrafa de uísque, como uma dúzia de donuts e nunca faço exercício algum.

– Uau! – exclama a mulher. – Que incrível! E quantos anos o senhor tem?

– Vinte e seis.

LIÇÃO DE VIDA

Quem nunca fez uma pergunta constrangedora baseada na aparência de alguém? Curiosos ou descuidados, esquecemos que estamos lidando com os sentimentos das pessoas e perguntamos sem pensar para quando é o neném, e a mulher não está grávida. Ou perguntamos a uma pessoa em dificuldades financeiras por que ela "simplesmente" não compra aquilo de que precisa. Nesse ponto, não estamos somente passando vergonha: estamos sendo cruéis sem querer, mas nossa atitude provocar uma dor profunda.

Antes de soltar uma pergunta pessoal, pense no impacto que

ela pode ter. Lembre que conexões genuínas começam com a demonstração de respeito pelos sentimentos do outro. Ou, para simplificar, tenha como regra evitar perguntas potencialmente embaraçosas sobre assuntos potencialmente sensíveis. Assim você poupa um bocado de incômodo a você (e aos outros).

MAIS QUE UMA PIADA

Listamos a seguir algumas perguntas delicadas que você provavelmente não deve fazer. Basta pensar como se sentiria se fizessem alguma delas a você.

1. *Você está grávida?*

2. *Quanto você ganha?*

3. *Quando vocês vão ter filhos?*

4. *Quanto você pesa?* (ou pior: *Você engordou?*)

5. *Você é homem ou mulher?*

6. *Você está doente?*

7. *Vocês estão planejando se casar?*

8. *Por que não compra?*

9. *Ainda solteira?*

10. *O que é isso?* (apontando para uma cicatriz ou outra marca no corpo)

Se mesmo assim você acabar cometendo uma gafe, existem duas possíveis saídas:

1. Um pedido sincero de desculpas. A boa notícia é que, como praticamente todo mundo já fez alguma dessas perguntas em algum momento, é provável que a pessoa entenda. E a sinceridade é um grande remédio para quase qualquer coisa.

2. Se não for possível pedir desculpas diretamente, tente usar uma terceira pessoa como intermediária, alguém em quem você e a pessoa que você magoou confiem. Nesse caso, também é provável que a pessoa aprecie seu esforço. Peça o contato ao amigo em comum, de modo que vocês possam resolver a situação.

50

CSV (Cuide da sua vida)

"Que cada raposa cuide da própria cauda."
– Provérbio italiano

Um sujeito baixinho está sentado ao balcão de um bar olhando para sua bebida quando um motoqueiro grandalhão vai até ele, pega o copo e toma tudo de uma vez.

O baixinho começa a chorar. Então o motoqueiro diz:

– Ei, cara, foi só uma brincadeira. Olha só, eu te pago outra bebida.

– Não, não é isso. Esse é o pior dia da minha vida. Primeiro, eu acordei tarde e perdi uma reunião importante, e aí o meu chefe me demitiu. Depois, quando saí da empresa, descobri que meu carro tinha sido roubado, e a polícia disse que não podia fazer nada. Então peguei um táxi, mas, quando cheguei em casa, vi que tinha deixado a carteira no táxi. Para completar, encontrei minha mulher na cama com o meu melhor amigo. Aí eu vim até esse bar. E justo quando estava pensando em acabar com a minha vida, você apareceu e bebeu o meu veneno.

LIÇÃO DE VIDA

Se intrometer na vida de outra pessoa pode ter resultados desastrosos. Interferir nos problemas dela é como beber o veneno dela, e você já sabe no que isso vai dar. O antídoto é lutar contra esse impulso e aprender a cuidar da própria vida.

MAIS QUE UMA PIADA

Aqui vão algumas dicas:

1. Tenha clareza quanto ao seu papel. Se o problema realmente não é seu e ninguém pediu sua ajuda, cuide da sua vida. Não sabe se a situação afeta você? Experimente este truque simples:

- Escreva o problema. Por exemplo: "Fulano odeia o trabalho dele." Agora desenhe um círculo em volta da frase.
- Desenhe um círculo maior em volta do problema. Dentro desse círculo, anote o nome da(s) pessoa(s) mais afetada(s) pela situação. Digamos, "A esposa dele".
- Continue fazendo os círculos, acrescentando novas pessoas a cada vez (filhos, colegas de trabalho, chefe, etc.) até ver onde você se encaixa. Isso deve esclarecer as coisas.

2. Se ninguém o chamou para a conversa, é porque não querem que você participe. Não importa se você tem uma opinião sobre o assunto. CSV.

3. Se mesmo assim você se intrometer e a pessoa cruzar os braços enquanto você estiver falando, não olhar você nos olhos ou parecer que está se afastando, é porque ela não quer sua ajuda. CSV.

51

Pernas, pra que te quero

*"O melhor jeito de ter uma boa ideia
é ter um monte de ideias."*
– Linus Pauling

Um biólogo estava fazendo uma experiência com um enorme sapo.

– Quero que você pule o mais longe que puder – disse ele.

E o sapo pulou. O biólogo mediu a distância e anotou: "O sapo saudável consegue pular 91 centímetros."

Depois, cortou a perna direita dianteira do sapo, suturou a ferida e disse:

– Pule!

Previsivelmente, o pulo foi um pouco mais curto. O biólogo anotou: "Removi uma perna. O sapo ainda consegue pular 83 centímetros."

Então cortou a perna esquerda traseira. De novo, mandou o sapo pular. Depois de medir a distância do pulo, o biólogo anotou: "Removi duas pernas. O sapo ainda consegue pular 56 centímetros."

Em seguida, o biólogo cortou a perna dianteira esquerda e disse outra vez:

– Pule!

Com apenas uma perna, o sapo mal conseguiu pular, e o biólogo anotou: "Removi três pernas. O sapo consegue pular 15 centímetros."

Por fim, o biólogo removeu a perna direita traseira do coitado do sapo e disse:

– Tudo bem, sapo, pela última vez, pule!

O sapo simplesmente ficou imóvel.

– Pule! – gritou o pesquisador.

O sapo continuou sem fazer nada. O biólogo anotou: "Tirei a quarta perna. O sapo ficou surdo."

LIÇÃO DE VIDA

Não é raro os cientistas terem hipóteses ruins e chegarem a conclusões ridículas – como o biólogo da piada. Mas eles não se deixam incomodar, porque sabem que, enquanto não for provada, uma ideia é apenas uma ideia. O *método científico* (ver abaixo) permite que eles postulem qualquer ideia bizarra que desejem, mas depois *exige* que testem a hipótese para conferir se é verdadeira. É por isso que podemos ter certeza de que alguém acabaria testando a teoria do biólogo e provando que era maluca *e* errada.

Isso não serve apenas para os cientistas. Todos precisamos saber distinguir fato científico de ficção científica. Caso contrário, as pessoas podem (e vão) transmitir suas teorias malucas como se fossem verdade – o que não é bom para você nem para a sociedade. Portanto, seja crítico com relação a "fatos" não testados e se arme com uma pergunta simples: "Que prova há disso?"

MAIS QUE UMA PIADA

O padrão para provar *qualquer coisa* é o "método científico". Se você prestou atenção nas aulas de biologia, provavelmente se lembra desse conjunto simples de passos que os cientistas, inventores, chefs de cozinha (e praticamente todo mundo) usam para estabelecer o que é verdadeiro no mundo físico. Aqui vai uma versão simplificada:

1. Identifique o problema. O que você quer saber?

2. Aprenda o máximo possível sobre o assunto.

3. Crie uma hipótese. Faça uma suposição sobre o que você vai descobrir.

4. Crie um experimento que lhe dirá se sua hipótese é verdadeira (ou, com igual probabilidade, se não é).

5. Analise os dados do experimento.

6. Chegue a uma conclusão.

Parece simples? E é. Muitas vezes fazemos todo esse processo de modo natural, sem pensar nisso como um método formal, mas o método científico é, de fato, um dos maiores feitos da humanidade. Somente no século XVII os cientistas (na época chamados de filósofos naturais) aceitaram a ideia de que era possível aprender sobre o mundo através da observação e da experimentação. Os resultados estão por toda parte: carros, computadores, remédios, etc. O mundo moderno não poderia existir sem o método científico – porque ele funciona.

52

Entre na fila

"Um homem que pensa em vingança mantém abertas as próprias feridas, que, não fosse por isso, poderiam se curar."
– Francis Bacon

Uma moça está voltando para casa quando vê um estranho cortejo fúnebre seguindo em direção ao cemitério. Há outro rabecão preto atrás do primeiro. Atrás dos carros, uma mulher idosa caminha com um pit bull preso numa coleira, seguida por 100 mulheres em fila.

A jovem fica olhando por alguns minutos, espantada, até que finalmente se aproxima da mulher com o cachorro.

– Com licença. Desculpe incomodá-la nesse momento de sofrimento, mas nunca vi nada assim. O enterro é de quem?

– Do meu marido – responde a senhora. – Ele está no primeiro carro fúnebre. Este cachorro o encontrou na cama com a amante e matou os dois. Ela está no segundo carro.

– Ah, sinto muito – diz a jovem. Em seguida, ela sorri e acrescenta: – Escuta, será que a senhora pode me emprestar o seu cachorro?

– Entre na fila – responde a senhora.

LIÇÃO DE VIDA

A vingança é um dos instintos humanos mais básicos. Acreditamos que vamos nos sentir melhor se causarmos dor a pessoas que nos "fizeram mal", mas, na verdade, não é bem assim que funciona. Segundo estudos, a maioria das pessoas que se vingam relata ter se sentido pior – a raiva só aumenta. Buscar vingança, segundo se constatou, nos mantém imersos em sentimentos tóxicos. Talvez seja isso o que Confúcio quis dizer ao afirmar: "Se você procura a vingança, primeiro cave duas sepulturas."

Por isso, quando sentir vontade de acertar as contas com alguém, pense bem se quer mesmo se comprometer com a vingança. Não é apenas um compromisso de fazer com que outra pessoa se sinta mal; provavelmente é um compromisso de você mesmo se sentir mal e ficar preso ao passado. Quando você se concentra na vingança, não segue em frente com a vida – só fica revivendo alguns dos momentos mais desagradáveis.

MAIS QUE UMA PIADA

Pesquisadores acreditam que os seres humanos são condicionados a buscar a vingança como um modo de impor a cooperação social. Descobriram que experimentamos a vingança (ou pelo menos os pensamentos vingativos) no centro de recompensa do cérebro – de modo que ficar pensando em revidar se torna de fato um prazer. Mas nunca funciona como imaginamos. Especialistas recomendam dar os seguintes passos para não se deixar afundar na busca por vingança:

1. **Aceitar.** O desejo de vingança parece um chamado à ação, mas na verdade não há correlação entre sentir esse desejo e precisar de fato fazer algo a respeito. Você sente porque é humano. Mas não é necessária nenhuma reação. Deixe o sentimento passar, se for possível.

2. **Fazer uma pausa.** Tire um tempo para processar a experiência. Evite tomar qualquer decisão enquanto não se acalmar e conseguir

pensar com sensatez. Estudos sugerem que optar por não agir é uma maneira de comunicar a si mesmo que a questão é trivial, o que torna mais fácil deixá-la para trás.

3. **Descobrir do que você realmente precisa.** O desejo de vingança resulta do sentimento de ter sido gravemente desrespeitado ou agredido de alguma forma. Talvez você necessite de reparação, não retaliação – a restauração do respeito próprio e o reconhecimento de que foi prejudicado. Existem outros modos de fazer isso que não envolvem contra-atacar. Por exemplo, empregar a "energia da vingança" em seus objetivos pessoais, mantendo o foco em si mesmo – não no seu "inimigo".

53

Pura provocação

"A liberdade humana definitiva é escolher nossa atitude diante de qualquer circunstância."
– Viktor Frankl

Um velho e um jovem estavam jogando uma amistosa partida de golfe. No oitavo buraco, os dois erraram as tacadas e as bolas foram parar num terreno ruim, com um pinheiro de 30 metros entre elas e o gramado. Parecia que precisariam de uma tacada extra só para levar a bola de volta à grama curta.

– Acho que nenhum de nós dois vai colocar uma bola nesse buraco – disse o rapaz.

– Por que está falando isso? – perguntou o velho.

– Estamos perto demais dessa árvore. Nunca vamos conseguir mandar a bola por cima dela.

– Sério? Fico surpreso com a sua falta de coragem. Quando eu tinha a sua idade, mandava a bola por cima dessa árvore com a maior facilidade.

– O quê? Bom, se você conseguia antigamente – reagiu o rapaz, com raiva –, eu consigo agora.

– Sério? Quer apostar? – perguntou o velho.

– Claro. Aposto 50 pratas que consigo mandar a bola por cima do pinheiro.

O velho concordou. O rapaz se posicionou junto da bola, mirou a árvore e ergueu o taco o máximo que podia. Então deu uma tacada mandando a bola mais alto do que jamais havia conseguido. Ela foi até o meio da árvore e ficou presa nos galhos. O velho riu.

– Quando eu estava com a sua idade, essa árvore tinha só uns 3 metros.

LIÇÃO DE VIDA

Em algum momento as pessoas vão descobrir como provocar você – geralmente (como o velho da piada) para se divertir. De algum modo elas saberão o que fazer para que você se sinta inseguro, irritado ou envergonhado. Você não tem como impedir isso, mas pode aprender a usar o autocontrole e o autoconhecimento para não ser instigado a reagir de modo irracional, assim obtendo a confiança de saber que é capaz de estar no controle quando necessário.

MAIS QUE UMA PIADA

1. **Descubra um modo de se recompor.** É bem provável que a provocação venha de surpresa. Quando você perceber, não reaja. Calmamente, vá sozinho para outro lugar e esfrie a cabeça. Você vai retomar o controle mais depressa do que imagina – e ninguém vai saber que você se irritou.

2. **Controle suas reações.** Ninguém pode *fazer* você sentir nada; as pessoas só podem provocar sentimentos que você já tem. Assim, reconheça que as coisas que podem provocar reações impensadas são apenas suas e de mais ninguém. Elas representam baixa autoestima, vergonha, insegurança e uma porção de outras questões sensíveis. Assim que reconhecer isso, você poderá bolar uma estratégia. Quanto à crueldade do provocador, aí não é problema seu. Tenha compaixão, mas deixe que ele encontre outro modo de lidar com a própria dor.

3. **Estabeleça limites claros.** Mostre até que ponto as pessoas podem ir antes de você se afastar – e seja firme em manter seus

limites. Alguns exemplos possíveis: dizer não quando quiser dizer não, sem sentir culpa por isso; expressar seu desagrado quando sentir que foi maltratado; e não concordar com tudo só para não criar conflito (ver Piada 65).

54

Chaves perdidas

"Como não sei quando a alvorada chegará,
abro todas as portas."
– Emily Dickinson

Quando você perde as chaves, qual é o lugar onde com certeza vai encontrá-las?

No último lugar onde procurar.

LIÇÃO DE VIDA

Essa charada clássica pode se referir à perda das chaves, mas para nós ela é uma metáfora da procura de praticamente qualquer coisa na vida. Quando você está procurando alguma coisa, há momentos de ansiedade ou pânico em que se sente atormentado pelo desespero. A sensação pode ser de que é *você* que está perdido e que nunca vai encontrar o que procura. Mas lembre: descobrir é só o final do processo – assim que você encontrar o que está procurando, acabou. O importante é a busca em si. E "não saber onde está" é parte integral dessa busca.

Tente não confundir a busca com a incapacidade de encontrar. Você só não encontrou *ainda*.

MAIS QUE UMA PIADA

Por que "não saber" é tão difícil? Pesquisas sugerem que somos programados para nos sentirmos desconfortáveis com a incerteza.

Num estudo de 2006, por exemplo, participantes que "podiam escolher entre esperar para sentir uma dor mais leve e receber na mesma hora uma dor mais forte" escolhiam sentir *mais dor* só para evitar o desconforto da espera. E um estudo de 2010 descobriu que nosso cérebro "se sente recompensado quando fazemos uma escolha - qualquer escolha". Portanto, lembre que, enquanto estamos procurando, também estamos lutando contra o impulso natural de fazer escolhas rápidas e fáceis - mesmo se soubermos que elas não são boas para nós.

55

Está certo disso?

"Corra riscos calculados.
Isso é muito diferente de ser precipitado."
– George Patton

Um sujeito morre e vai para o inferno. Satã o encontra e explica que vai mostrar três salas a ele.

– Você tem que escolher em qual sala vai passar a eternidade – diz Satã.

Na primeira sala, as pessoas estão afundadas em cocô até o pescoço. O sujeito fica horrorizado.

– Aqui eu não fico – diz ele. – Quero ver a próxima sala.

Na segunda sala, as pessoas estão com cocô até o nariz. O sujeito fica horrorizado de novo e diz que também não quer ficar ali.

Então Satã abre a porta da terceira sala, onde as pessoas estão com cocô até a altura dos joelhos, tomando café e comendo bolinhos. O sujeito diz na hora:

– Vou ficar nessa.

Satã assente e começa a ir embora, enquanto o sujeito entra na sala e pega uma xícara de café. É então que Satã se vira e grita:

– Muito bem, acabou a pausa do café. Todo mundo de cabeça pra baixo de novo!

LIÇÃO DE VIDA

Precisa tomar uma decisão rápida? Tente diminuir a velocidade e obter o máximo de informação possível *antes* de assumir um compromisso. Julgamentos apressados podem ter consequências terríveis, e algumas decisões podem condenar você a uma eternidade de... você sabe.

MAIS QUE UMA PIADA

Segundo cientistas comportamentais, não conseguimos evitar julgamentos instantâneos. É uma "habilidade" que desenvolvemos na infância e que usamos durante toda a vida. Em questão de segundos (ou, de acordo com alguns estudos, em apenas um décimo de segundo) decidimos se gostamos ou confiamos em alguém, se alguém está falando a verdade, se um novo gerente ou um candidato a emprego vai dar certo na vaga, se um primeiro encontro será agradável e assim por diante. Às vezes acertamos nos julgamentos instantâneos; outras vezes, não. Você pode aprimorar sua habilidade em fazer bons julgamentos rápidos se tiver consciência de que os erros mais comuns acontecem por decisões baseadas em:

1. **Preconceitos pessoais.** Escolhas rápidas podem ser facilmente influenciadas por um preconceito não relacionado com a decisão, tal como sua cor predileta (ou aquela de que você menos gosta), um cheiro, um defeito, etc.

2. **Senso comum.** É muito frequente que nossas escolhas sejam influenciadas indevidamente por normas sociais. Por exemplo: Malcolm Gladwell, autor de *Blink: A decisão num piscar de olhos*, pesquisou várias centenas de empresas citadas na lista Fortune 500 para saber qual era a altura dos seus respectivos CEOs e descobriu que todos eram altos. "Não existe correlação entre altura e capacidade de motivar e liderar pessoas", diz Gladwell, "mas, por algum motivo, as corporações escolhem pessoas altas para os papéis de liderança."

Também tomamos decisões rápidas (mas irracionais) com base em fatores como educação, beleza, estereótipos étnicos ou de gênero e por aí vai.

3. Elementos culturais. Estudos descobriram que somos melhores em decifrar os rostos de pessoas que fazem parte do nosso grupo cultural ou étnico. Quando você tem consciência disso, pode obter uma vantagem extra ao julgar alguém que faz parte de um grupo étnico ou cultural diferente.

56

Ah, o amor

"Pode o leopardo mudar suas manchas?"
– Steve Jana, parafraseando a Bíblia (Jeremias 13:23)

Um casal de noivos estava apaixonadíssimo e mal podia esperar para iniciar a vida a dois. Como ela adorava cavalgar, eles foram passar a lua de mel num hotel-fazenda. Estavam andando a cavalo quando, ao atravessarem um riacho, o cavalo do homem escorregou e quase o derrubou. Ao chegarem à margem, a mulher apeou, foi andando até o cavalo do marido, olhou nos olhos dele e disse:

– Um!

Em seguida, montou de novo e continuaram o passeio.

Um pouco adiante, o cavalo do marido tropeçou ao passar sobre uma árvore caída. A mulher apeou e, apontando o dedo na cara do cavalo, disse:

– Dois!

Depois voltou ao seu cavalo, e partiram de novo.

À tarde, o cavalo do homem se assustou com uma cobra no caminho e empinou, derrubando o homem. A mulher apeou rapidamente, parou na frente do cavalo do marido e gritou:

– Três!

Em seguida, sacou uma pistola do bolso e atirou no cavalo.

Chocado, o homem se virou para ela e exclamou:

– Sua louca! Como pôde fazer uma coisa dessas?!

A mulher foi até o marido e, encarando-o calmamente, disse:

– Um.

LIÇÃO DE VIDA

Os valores centrais e a personalidade de uma pessoa se revelam em tudo que ela faz, mas frequentemente ignoramos a mensagem porque queremos que ela seja diferente – mais gentil, mais forte, menos exigente, mais amorosa. Felizmente (ou infelizmente), essa ilusão não dura muito, porque, como nosso pai costumava dizer, "Você não pode ser duas pessoas". Com o tempo, o que ela é de verdade sempre se revela. E, como disse Maya Angelou, "Quando uma pessoa mostra quem é, acredite nela".

MAIS QUE UMA PIADA

Cinco coisas que mostram quem as pessoas são de verdade:

1. **Como elas interagem com estranhos.** Como elas tratam as pessoas quando não há repercussões sociais imediatas? Por exemplo, elas são educadas com garçons e motoristas de táxi ou são grosseiras e desdenhosas? Isso diz muito sobre o nível de empatia delas.

2. **Os amigos que escolhem.** Nosso sentido do que é "normal" e socialmente aceitável é tremendamente influenciado por nossos amigos. Além disso, os amigos costumam espelhar o comportamento uns dos outros. Por isso, observar os amigos de uma pessoa é como ver uma fatia da personalidade dela.

3. **Como elas reagem quando não conseguem o que desejam.** A estratégia para lidar com a frustração causada por pequenos reveses é uma boa indicação de como a pessoa lida com a vida em geral. Quanto mais flexível ela for, melhor consegue enfrentar os golpes da vida. Ficar com raiva por pequenas frustrações é considerado sinal de baixa autoestima e pouca capacidade de adaptação.

4. Se elas cumprem (ou não) seus compromissos. Existem muitos motivos para alguém não cumprir compromissos. Elas podem concordar em fazer alguma coisa só para evitar conflitos; podem ter uma desconsideração narcisista pelos outros; ou podem ser bem-intencionadas mas pouco realistas com relação a horários. O resultado, porém, é o mesmo em todos os casos: se elas não cumprem as promessas feitas aos outros, não espere que cumpram as que fizerem a você.

5. Como lidam com relacionamentos anteriores. Elas se dão bem com ex-namorados, amigos e familiares? Aprenderam com relacionamentos fracassados? Imagine-se no meio desse grupo. Isso pode ajudá-lo a enxergá-las com mais clareza.

57

Má notícia

"Más notícias não são vinho.
Não melhoram com o tempo."
– Colin Powell

Uma mulher deixa o gato com a irmã para viajar de férias. Alguns dias depois, ela telefona e pergunta à irmã como ele está.

– Má notícia – responde a irmã. – Seu gato morreu.

A mulher fica furiosa.

– É assim que você me conta que meu gato querido se foi? Você deveria dizer algo do tipo: "Seu gato subiu no telhado e não estamos conseguindo tirá-lo de lá." No dia seguinte, quando eu ligasse, você poderia dizer: "Seu gato caiu do telhado e está muito mal, o veterinário acha que o pobrezinho não vai resistir." Então, quando eu ligasse no dia seguinte, *aí* você poderia dizer que ele morreu!

– Desculpa – disse a irmã.

A mulher respirou fundo.

– Tudo bem – disse. – Acho que eu não deveria ter gritado assim com você. É que foi um choque. Mas, mudando de assunto, como vai mamãe?

– Ahn… Mamãe subiu no telhado.

LIÇÃO DE VIDA

Certo, então *qual* seria um bom modo de dar uma notícia ruim? Resposta: não existe. Chama-se "notícia ruim" por um motivo: ela é ruim.

As notícias ruins são quase sempre dolorosas, e é por isso que a maioria de nós tenta evitá-las. Só que elas também fazem parte da vida, por isso é impossível evitá-las. Mas, se você aprender a dar a má notícia de um modo que funcione para você e *também* para quem a recebe, é mais provável que a aborde quanto antes – o que é uma boa, porque a notícia não vai melhorar se você adiar o momento de contá-la. E aqui vai a boa notícia sobre más notícias: depois que você conta, é um alívio.

MAIS QUE UMA PIADA

Algumas dicas para tornar *menos* ruim o momento de dar más notícias:

1. **Fale pessoalmente.** É uma demonstração de respeito. Além disso, assim você pode responder a perguntas ou esclarecer a situação, o que significa menos riscos de haver mal-entendidos.

2. **Fale quanto antes.** Outra coisa que demonstra respeito… e também impede que a má notícia se volte contra *você*: se ela exigir que algo seja feito, adiar pode agravar o problema. Como disse Napoleão: "Jamais me acordem quanto tiverem boas notícias, porque com boas notícias nada é premente; mas quando tiverem más notícias, me acordem imediatamente, porque não há um instante a perder."

3. **Use o método "sanduíche".** Comece contando algo positivo, depois dê a má notícia e termine com outra coisa positiva. Só não funciona se for algo falso. Seja sincero.

4. **Demonstre empatia.** Se for adequado, ofereça conforto (ver Piada 22).

5. **Não transforme a notícia numa surpresa.** Encontre um modo de sinalizar que você vai dar uma notícia ruim antes de entrar no assunto. Dê à pessoa (e a si mesmo) um momento para se preparar psicologicamente.

6. **Fale a verdade.** Quer dizer, talvez não toda. Mas não esconda fatos que possam ajudar a pessoa a entender melhor a situação.

7. **Seja cuidadoso com o lugar.** Vocês estão em um local reservado? Tem onde se sentar? É barulhento? A pessoa pode sair facilmente, se quiser? Essas coisas são importantes. Escolha o local da conversa com cuidado.

8. **Deixe a pessoa reagir.** Você não pode esperar que a pessoa permaneça calma depois de receber uma má notícia, mas, seja lá como ela venha a reagir, *você* deve permanecer calmo. Não é possível mudar os fatos, mas sempre podemos fazê-los parecer melhores… ou piores.

58

De grão em grão

"Todas as coisas chegam para quem espera – desde que a pessoa saiba o que está esperando."
– Woodrow Wilson

Um barbeiro está conversando com um cliente.

– Está vendo aquele garoto? – pergunta o barbeiro, apontando para um menino de 12 anos parado do lado de fora. – É o garoto mais burro do mundo. Olha só. Vou te mostrar. – O barbeiro pega uma nota de 1 dólar e uma de 5, chama o garoto para dentro e estende as duas notas, perguntando: – Qual você quer, filho?

O garoto pega a nota de 1 dólar e sai.

– Está vendo? – O barbeiro ri. – É o garoto mais burro do mundo.

Alguns minutos depois de sair da barbearia, o cliente vê por acaso o garoto saindo de uma sorveteria. Ele aproveita para perguntar:

– Escuta, garoto, por que não pegou a nota de 5?

O garoto dá uma lambida no sorvete e responde:

– Porque no dia em que eu escolher a de 5, não vou ganhar mais nada.

LIÇÃO DE VIDA

É um dilema eterno: buscar gratificação instantânea ou satisfação a longo prazo? Devemos pedir o cheesebúrguer com bacon ou a salada? Sair com os amigos ou ficar em casa estudando?

Mas tem algo mais a considerar aqui, além de apenas o que comer ou se devemos curtir. Por acaso existem benefícios mensuráveis em aprender a esperar, e cultivar a gratificação adiada é na verdade uma oportunidade de desenvolver uma habilidade de vida que pode ter impacto em toda a sua existência. Isso não quer dizer que você *nunca* deve buscar gratificação imediata, mas, se quiser obter mais da vida, em algum momento precisa aprender a ser concentrado e disciplinado – em vez de simplesmente pegar a nota de 5.

MAIS QUE UMA PIADA

Muito do que sabemos sobre os benefícios da gratificação adiada vem da famosa experiência do marshmallow feita na Universidade Stanford. Em 1960, o professor Walter Mischel criou um teste em que um grupo de crianças de 4 a 6 anos era levado para uma sala, uma de cada vez, e colocava-se um doce (um marshmallow, um biscoito ou um brownie) na mesa. Cada criança poderia comer o doce na hora, mas, se esperasse 15 minutos, ganharia dois. Depois de explicar isso, ele saía da sala e observava a criança por um monitor. Não surpreende que muitas crianças tenham comido o doce assim que ele saiu da sala. Outras tentaram esperar... mas não conseguiram se segurar e o comeram. E cerca de um terço das crianças conseguiu esperar os 15 minutos sem comer.

Por 50 anos depois disso, a equipe de pesquisa de Stanford acompanhou essas crianças para saber se havia alguma relação entre a capacidade de adiar a gratificação e o sucesso na vida adulta. A resposta surpreendeu até os pesquisadores: as crianças que haviam sido capazes de adiar a gratificação se tornaram mais confiáveis, mais proativas, se saíram melhor na escola, encontraram empregos melhores e tinham salários mais altos. Também tinham capacidade maior de concentração, sabiam administrar melhor o estresse e tendiam menos à obesidade, ao alcoolismo e ao vício em drogas. O último estudo, feito em 2011, mostrou que essas características permaneciam com os indivíduos pelo resto da vida.

Desde então, novas pesquisas indicam que a capacidade de adiar a gratificação não é algo inato, como os pesquisadores acreditavam originalmente. Ela pode ser aprendida. Veja três sugestões de como fazer isso:

1. O Dr. Mischel acredita que o fundamental é substituir a sedutora imagem da "gratificação instantânea" por outra menos atraente. Por exemplo, substitua a imagem mental de batatas fritas pela de um prato de cenouras ou pela de alguém tendo um ataque cardíaco por ingerir gordura demais. Ou simplesmente imagine que o restaurante não tem batata frita.

2. Cultive a capacidade de imaginar o futuro e como suas ações vão afetá-lo. Um estudo da Universidade de Washington mostrou que o cérebro de pessoas que adiam a gratificação se ilumina no córtex pré-frontal anterior, a área que nos ajuda a pensar no futuro.

3. Pesquisadores da Universidade de Rochester descobriram que crianças que moram num ambiente em que recebem o que é prometido têm mais disposição a aceitar uma recompensa no futuro. Você pode desenvolver essa confiança: estabeleça pequenas tarefas fáceis de realizar, prometa a si mesmo pequenas recompensas para quando realizá-las e cumpra a promessa. Faça isso por um tempo, com certa regularidade, porque esse é o segredo para desenvolver a confiança. E, quando tiver aprendido a confiar na promessa, você terá mais condições de adiar a gratificação.

59

Lógica invertida

"Não acredite em tudo que você pensa."
– Sabedoria popular

No leito de morte, o homem chama a esposa para perto da cama e diz:

– Querida, você esteve ao meu lado em todos os momentos difíceis. – A mulher segura a mão dele com carinho. O homem continua: – Quando perdi o emprego, você estava lá. E quando a casa pegou fogo... quando minha empresa faliu... quando tive o ataque cardíaco... você estava ao meu lado. – Ele a olha no fundo dos olhos. – Agora que estou no fim da jornada, eu finalmente percebi.

– O quê, meu amor? – pergunta ela, com doçura.

– Você dá azar.

LIÇÃO DE VIDA

Às vezes somamos 2 e 2 e obtemos 5 como resposta. Por isso é bom lembrar: *correlação não implica causalidade.* Isso significa que, ainda que duas coisas aconteçam simultaneamente, não podemos presumir que uma esteja causando a outra. Talvez até não tenham relação alguma. Isso pode parecer óbvio, mas, como a piada ilustra, é comum as pessoas ligarem acontecimentos de maneiras espantosas. Por exemplo: se o seu time ganhou no dia em que você usou sua camisa verde da sorte, a camisa teve alguma influência? (Há quem pense que sim.)

O cérebro humano é programado para procurar padrões no ambiente, principalmente em eventos que pareçam demonstrar causa e efeito. Afinal de contas, nossa sobrevivência como espécie dependia da capacidade de deduzir que comer determinada planta poderia nos matar, ou que enfiar a mão no fogo causaria queimadura. Na maior parte do tempo nós acertamos, mas às vezes enxergamos padrões onde eles não existem. Por isso, precisamos ser cautelosos com raciocínios equivocados, nossos e dos outros – ainda que pareçam perfeitamente lógicos. Acreditar numa camisa da sorte não prejudica você em nada, mas tomar decisões a respeito de relacionamentos, saúde ou negócios com base em lógica irracional pode ter consequências devastadoras.

MAIS QUE UMA PIADA

Aqui vão três fatores comuns que as pessoas interpretam erroneamente como causalidade:

1. Coincidência.

Exemplo: Você percebe que, sempre que há lua cheia, o preço de uma determinada ação na bolsa de valores sobe. Então você ajusta seu investimento para coincidir com a próxima lua cheia... e o valor da ação despenca. Não passava de coincidência.

Exemplo da vida real: De 1999 a 2009, sempre que Nicholas Cage fazia mais filmes em um determinado ano, aumentava o número de americanos que se afogavam em piscinas. Quando ele fazia menos filmes, o número diminuía. Os filmes de Cage eram responsáveis pelas mortes por afogamento? Claro que não. Era apenas coincidência.

2. Uma variável de confusão.

Exemplo: Você observa que, sempre que usa bermuda, seu cônjuge parece mais feliz. Então você usa bermuda o tempo todo... mas isso parece não mudar nada. Por quê? Porque a princípio você só estava usando bermuda em tempo quente, e era o tempo quente – não a bermuda – que melhorava o humor do seu cônjuge. O tempo quente era a variável que confunde.

Exemplos da vida real:

- Pessoas que dormem calçadas têm mais probabilidade de acordar com dor de cabeça. Por quê? Quando estamos bêbados, é mais provável que peguemos no sono sem tirar a roupa nem os sapatos... e aí acordamos de ressaca. A variável que confunde é a embriaguez.
- Pessoas com pés maiores têm mais probabilidade de serem letradas. Por quê? Porque pessoas com pés maiores têm mais probabilidade de serem adultas, e os adultos são mais letrados que as crianças. A variável que confunde é a idade.

3. **Causalidade reversa.**

Exemplo: Você nota que sempre que os moinhos de vento giram mais depressa há mais vento, então deduz que os moinhos estão causando o vento. É obvio que você entendeu ao contrário.

Exemplo da vida real: Alguém que corre um sério risco de doença cardíaca passa a seguir uma alimentação saudável e morre de ataque cardíaco. Estatisticamente, pode parecer que a pessoa sofreu o ataque cardíaco porque adotou uma alimentação mais saudável, e por isso talvez você rejeite uma mudança na alimentação porque, afinal de contas, isso poderia matá-lo.

60

Tarde demais

"Aqui não existem regras.
Estamos tentando realizar alguma coisa."
– Thomas Edison

Uma noite, durante o jantar, o menino falou:

– Pai, a gente pode comer insetos?

– Que coisa nojenta! – respondeu o pai. – Você conhece as regras, não falamos dessas coisas enquanto estamos comendo.

Depois do jantar, o pai perguntou:

– E então, o que você queria saber, filho?

– Ah, deixa pra lá. Tinha um inseto na sua sopa, mas agora não tem mais.

LIÇÃO DE VIDA

Claro, todos sabemos que regras são essenciais, mas, se você se agarrar a elas com muita rigidez, mais cedo ou mais tarde vai acabar "comendo insetos". E provavelmente será merecido.

MAIS QUE UMA PIADA

Quatro ocasiões em que é uma boa ideia afrouxar (ou mesmo violar) uma regra:

• **Se ninguém a entende direito.** Quando todo mundo vive pedindo para você esclarecê-la e você não consegue.

- **Se ela é tão antiga que ninguém nem sabe que ela existe.** "Sempre fizemos assim" não é um motivo – é um hábito.

- **Se está irritando as pessoas.** Regras devem ser justas. Se as pessoas estão reclamando, é provável que a sua não seja.

- **Se for a coisa certa a fazer.** Às vezes, só o que importa é tornar a vida melhor para o outro.

61

Autoflagelação

"A água pingando fura a pedra não pela força,
mas pela persistência."
– Ovídio

Um astrofísico está dando uma palestra na universidade sobre o futuro do Sistema Solar.

– Agora, o Sol está na metade do seu ciclo de vida – explica ele à plateia. – Daqui a uns 5 bilhões de anos, ele vai se tornar um gigante vermelho e pouco depois vai explodir.

Uma mulher nos fundos do auditório dá um pulo e grita:

– *Quantos* anos o senhor disse?

– Uns 5 bilhões.

– Ah, graças a Deus! – exclama a mulher, visivelmente aliviada. – Achei que o senhor tivesse dito 5 *milhões*.

LIÇÃO DE VIDA

Com que frequência *você* se empolga ou se incomoda com coisas que não interferem em nada na sua vida? Sente uma animação secreta com o novo romance de uma celebridade? Fica indignado com o último escândalo que saiu no noticiário? Todo mundo é suscetível a esse tipo de distração. Os políticos sabem disso e recorrem a tais mecanismos para nos atrair a votar neles, os publicitários usam isso para vender produtos dos quais não precisamos, a mídia se aproveita disso diariamente. Mas você não precisa engolir a isca. Quando se perceber fascinado com alguma coisa que, pensando bem, é irrelevante, tente deixar pra lá. É um alívio enorme. E, sério, será que todos nós não temos coisas mais importantes em que pensar?

MAIS QUE UMA PIADA

Você pode pensar nas fofocas de celebridades e nos escândalos políticos mesquinhos como um ruído de fundo inofensivo, mas na verdade eles são bastante corrosivos. Ao contrário do que você poderia esperar, pesquisas mostraram que o cérebro humano lida melhor com grandes crises do que com irritações pequenas e persistentes. Por quê? Pense na diferença entre um cano quebrado e uma torneira pingando. Se for um vazamento grande, estamos programados para entrar em modo de emergência, chamar o bombeiro hidráulico e mandar consertar. Já um vazamento pequeno é menos urgente (às vezes nem notamos) e pode ser consertado mais tarde... e, com o tempo, pode causar sérios estragos.

Coisas como fofocas e escândalos bobos podem parecer canos quebrados, mas na verdade são torneiras pingando. Não há como resolvê-las ou nos livrarmos delas – afinal de contas, não nos cabe consertar um casamento em Hollywood e também não temos como impedir que os políticos mintam. Portanto, a partir do momento em que você começa a se preocupar com essas coisas, elas fincam raízes e se entranham – a não ser que você faça um esforço consciente para arrancá-las.

Se estiver tentando decidir se alguma coisa realmente importa, pergunte-se: *Eu vou me incomodar com isso daqui a um ano? Vou me lembrar disso daqui a um ano? E daqui a 10 anos?* Se a resposta for não, pode soltar um suspiro de alívio e admitir que está se preocupando com algo que não é tão importante assim.

62

A idade da razão

"Se quiser conhecer a estrada adiante,
pergunte a quem viajou por ela."
– Provérbio chinês

Dois salmões jovens estão nadando quando um peixe mais velho e mais sábio passa na direção contrária.

O peixe mais velho cumprimenta os dois:

– Bom dia, rapazes, como está a água?

Os dois salmões seguem em silêncio por um tempo. Até que finalmente um deles se vira para o outro e pergunta:

– Que diabo é água?

LIÇÃO DE VIDA

O conhecimento realmente vem com a idade e a experiência. Pode não parecer, mas, quando você é jovem, sua percepção do mundo – e mesmo do que está acontecendo à sua volta – é limitada. Se quiser expandir sua perspectiva, tente conversar com uma pessoa mais velha e mais experiente sobre coisas que são importantes para ela. Você pode descobrir que ela realmente sabe algo útil.

MAIS QUE UMA PIADA

Durante a maior parte da história humana, as sociedades eram iletradas. Não havia como armazenar o conhecimento acumulado, por isso os anciãos da comunidade eram como bibliotecas vivas, sendo procurados regularmente para dar conselhos sobre os problemas da vida. Muita coisa mudou ao longo do tempo, mas uma que continua valendo é que os mais velhos ainda são uma ótima fonte de conhecimento. E, além de você se beneficiar dos conselhos, eles se sentem valorizados quando você os procura.

O Projeto Legacy (Legado), do gerontologista Karl Pillemer, da Universidade Cornell, vem coletando "conselhos práticos de vida" dos idosos americanos desde 2004. Pillemer e seus pesquisadores recomendam usar perguntas como estas para iniciar uma conversa com os mais velhos:

1. O que você diria a um jovem que lhe pedisse para citar o que você aprendeu de mais importante na vida?

2. Ouvi dizer que experiências difíceis podem render lições valiosas. Isso já aconteceu com você? Poderia dar alguns exemplos?

3. Sua vida teve algum grande ponto de virada – algum acontecimento que pareceu mudar tudo?

4. O que você aprendeu sobre ser feliz e bem-sucedido que não sabia quando era mais novo?

5. O que você acha que eu deveria fazer agora para evitar arrependimentos quando estiver mais velho?

63

Espere o inesperado

"Se sempre pareço estar preparado, é porque, antes de fazer alguma coisa, meditei longamente e previ o que poderia acontecer. Não é uma genialidade que me revela de repente e secretamente o que eu deveria fazer numa circunstância inesperada para os outros, e sim a reflexão e o preparo."

– Napoleão Bonaparte

Depois de 30 anos juntos, um casal estava comemorando os 60 anos de idade. Sabendo que a esposa adorava antiguidades, o homem deu de presente a ela uma linda lâmpada a óleo. Quando ela desembrulhou a lâmpada, um gênio apareceu de repente. Para agradecer aos dois por libertá-lo de sua prisão, ele concedeu um desejo a cada um. A mulher foi a primeira. Como os dois nunca haviam tido a chance de viajar, ela pediu uma viagem pelo mundo. O gênio balançou a mão e, *puf!*, ela tinha na mão duas passagens de primeira classe num cruzeiro, com todas as despesas pagas. Quando foi a vez do marido, ele pensou por um momento e disse:

– Eu queria uma esposa 30 anos mais nova.

O gênio balançou a mão no ar e, *puf!*, ele ficou com 90 anos.

LIÇÃO DE VIDA

O sujeito obviamente não pensou direito antes de fazer o pedido. Resultado: foi apanhado pelas leis das consequências não intencionais. Na verdade, não existe vacina contra os efeitos dessa lei:

toda decisão na vida produz pelo menos *alguns* resultados não intencionais. Na melhor das hipóteses, você obtém o que deseja e também alguns benefícios não planejados. Na pior das hipóteses... Bom, essa é a piada.

Portanto, pense bem antes de agir e tenha consciência de que sempre há mais de um resultado possível para qualquer coisa que fazemos. Mesmo quando você acha que refletiu bastante, pode haver um pequeno detalhe que não foi levado em consideração. Se você for em frente sem saber disso, estará flertando com o desastre.

MAIS QUE UMA PIADA

A lei das consequências não intencionais é real; o conceito foi apresentado pelo sociólogo Robert Merton, em 1936. Ele estabeleceu cinco fatores que podem levar você a incorrer nela: "Ignorância, interpretação errada do problema, pensamento a curto prazo quando a situação exige um de longo prazo, valores que impedem a ação e profecia derrotista" (Merton criou essa expressão também - ver Piada 92). Ainda que não exista um modo de evitar as consequências não intencionais, existem algumas coisas que você pode fazer para minimizar a chance de resultados nocivos.

Aqui vão quatro sugestões:

1. **Sempre analise sua decisão pelos dois lados.** Veja os possíveis benefícios *e* problemas, mas sem pressa. Dê um tempo para deixar que passe a empolgação inicial, quando você ainda está seduzido pela perspectiva dos benefícios. Deixe as ideias se assentarem e elas se tornarão mais claras.

2. **Tente evitar decisões impulsivas.** Se parecer necessário tomar uma decisão rápida, veja a Piada 55.

3. **Procure mais perspectivas.** Muitas vezes, outras pessoas conseguem ver com clareza coisas que não enxergamos. Faça uma pergunta simples e direta, como *O que pode dar errado aqui?* ou *Que problemas estou deixando de perceber?*

4. **Pesquise.** Não negligencie essa etapa. A internet facilita as pesquisas e fornece informações essenciais sobre as experiências de outras pessoas – o que pode lhe dar ideias de possíveis resultados inesperados.

64

Jogo arrastado

"Na sociedade civilizada,
chamamos nossas obsessões de hobbies."
– Stephen King

Uma mulher está começando a se preocupar porque o marido não voltou do seu tradicional jogo de golfe de sábado. Ele não atende ao celular, e à medida que as horas passam ela fica mais desesperada. Às oito da noite, o marido finalmente chega.

– Onde você estava? – pergunta a mulher, com raiva. – Já deveria ter chegado há horas!

– Sinto muito, querida. É que o nosso amigo Zeca teve um ataque cardíaco no terceiro buraco.

– Ah, meu Deus! – exclama a mulher. – Que terrível!

– Nem me fale. O dia inteiro foi dar a tacada, arrastar o Zeca, dar outra tacada, arrastar o Zeca…

LIÇÃO DE VIDA

Pesquisadores descobriram que hobbies fazem bem à saúde física e mental. Eles reduzem o estresse e aumentam o *eustresse*, que é "o estresse positivo, necessário para que as pessoas continuem empolgadas com a vida". Os hobbies ajudam a baixar a pressão sanguínea e a superar a depressão. Podem até auxiliar no controle do peso.

No entanto, quando a paixão se torna obsessão, os hobbies podem se tornar destrutivos. Podem nos deixar cegos para quase qualquer comportamento antissocial e causar prejuízos a nossos relacionamentos, nosso trabalho e até nossa conta bancária. Fique de olhos abertos: se alguma coisa dessas começar a soar familiar para você, talvez seja bom fazer algumas mudanças – antes que seu comportamento se transforme numa piada de mau gosto.

MAIS QUE UMA PIADA

Confira cinco sugestões de especialistas para evitar que um passatempo se transforme em obsessão:

1. **Mude sua rotina.** Os vícios podem surgir sempre que você se acostuma demais com qualquer situação ou condição. O problema é que fica muito desconfortável mudar, por isso você continua fazendo a mesma coisa, mesmo que no fundo não queira. Para evitar essa armadilha, faça uma interrupção intencional de vez em quando.

2. **Estabeleça um orçamento.** Descubra quanto você pode investir mensalmente no seu hobby e não gaste um centavo a mais que isso. Um forte sinal de que um hobby se tornou obsessão é quando a pessoa não estabelece limites de gastos ou não consegue respeitar os limites que definiu.

3. **Estabeleça um limite de tempo.** É uma medida simples para manter seu hobby como hobby. Decida quanto tempo seria razoável dedicar a ele e, se você obedecer a esse limite, seu hobby jamais vai se transformar em vício.

4. **Troque de hobbies de vez em quando.** Se você gosta de fazer tricô, largue as agulhas e vá andar de bicicleta. Se faz maquetes de avião, tente alternar isso com outra atividade, como jogar tênis. Mudar de hobby vai ajudar a impedi-lo de ficar obcecado com uma única atividade.

5. Compartilhe seu passatempo com amigos e familiares. Você considera que as obrigações sociais são "distrações" que o afastam do seu hobby? Envolver amigos e familiares é um bom modo de manter esses relacionamentos importantes e ter uma ideia clara sobre seu hobby.

65

Você não é todo mundo

"Agradeço por todas as pessoas difíceis na minha vida.
Elas me mostraram exatamente quem eu não quero ser."
– Desconhecido

Um grupo de estudantes do primeiro ano de Medicina estava na aula de anatomia, a primeira com um cadáver humano verdadeiro. Todos se reuniram em volta da mesa de dissecação enquanto o professor permanecia junto ao corpo coberto por um lençol branco, dando orientações.

– Na prática da medicina vocês precisam de duas qualidades importantes. A primeira é: nunca sintam nojo de nada relacionado ao corpo humano.

Para enfatizar o argumento, o professor puxou o lençol, enfiou o dedo no ânus do cadáver, tirou-o e depois cheirou o dedo.

– Agora façam o mesmo – disse ele.

Perplexos, a princípio os estudantes hesitaram, mas depois cada um deles se aproximou, enfiou o dedo no ânus do cadáver e cheirou.

Assim que todos terminaram, o professor olhou-os e disse:

– A segunda qualidade que vocês precisam ter é: sejam observadores. Eu enfiei o dedo médio e cheirei o indicador. Agora aprendam a prestar atenção.

LIÇÃO DE VIDA

Você provavelmente acha que a lição aqui é "Preste atenção" ou "Sejam observadores". Ambas são importantes, e, se for isso que você absorver da piada, tudo bem. Mas tem outra lição: não siga cegamente alguém que o encoraja a fazer algo que você sabe que é errado e/ou perigoso. Diga não, mesmo se a pessoa for uma autoridade. Todo mundo naquela turma deveria ter suspeitado de que a demonstração do professor era loucura, mas mesmo assim todos obedeceram. Claro que é só uma piada, mas pense bem: o professor poderia ter impedido a primeira pessoa antes que ela tocasse no cadáver, pois ainda assim teria ensinado a lição. Ele não fez isso, o que é abusivo.

MAIS QUE UMA PIADA

Segundo um estudo feito em 2012, cerca de 17 milhões de americanos têm supervisores abusivos no trabalho. Essas relações abusivas não são apenas irritantes, elas ameaçam a saúde das pessoas ao provocar estresse implacável – que está relacionado a várias doenças, desde problemas cardíacos até úlcera.

Então o que fazer quando você se vir numa situação abusiva? O mais simples é ir embora. Se não puder (ou não quiser) fazer isso, especialistas sugerem as seguintes alternativas:

- **Seja educado e cortês e não reaja.** Não se rebaixe ao nível do abusador. Combater fogo com fogo não adianta nada, só provoca uma fogueira maior. Só que ser gentil também não resolve o problema. Num estudo de 2015 sobre ambientes de trabalho, pesquisadores ficaram surpresos ao descobrir que os supervisores abusivos "não reagiam quando os subalternos eram positivos, compassivos, cooperativos ou solícitos". Portanto, apenas espere com paciência até a pessoa parar.

- **Fique firme.** Algumas pessoas só vão se sentir melhor se fizerem alguma coisa para se defender ativamente, mas, como reagir provavelmente vai piorar a situação, o segredo é recorrer à resistência sub-reptícia. Exemplo: faça-se de desentendido, ou ouça a ordem mas faça outra coisa.

• **Estabeleça limites.** Não leve para o lado pessoal. Preserve-se, ainda que isso implique simplesmente se afastar. "Se a pessoa estiver perdendo a cabeça", diz o principal autor do estudo sobre chefes abusivos, "espere 20 minutos para que ela se acalme um pouco. Se você interpretar aquilo como um ataque pessoal e reagir, vai alimentar o problema e a pessoa continuará discutindo, porque é fácil."

66

Morto de medo

"Nada na vida deve ser temido, apenas entendido."
– Marie Curie

Um homem ganha de presente um papagaio. Só que é uma ave muito mal-educada, só sabe falar palavrões. Ele tenta fazer o bicho se comportar usando linguagem educada, tocando música clássica e tudo mais em que consegue pensar, mas nada adianta. Um dia, num ataque de fúria, o homem não aguenta e joga o bicho no congelador.

O papagaio guincha e berra durante alguns minutos, até que de repente... faz-se um silêncio total. Com medo de o pássaro ter morrido, o homem vai correndo abrir o congelador. O papagaio sai de lá calmamente e diz:

– Senhor, creio que posso tê-lo ofendido com minha linguagem inadequada e meu comportamento grosseiro. Por favor, aceite minhas sinceras desculpas. Garanto que no futuro agirei de acordo com suas expectativas.

O homem fica pasmo. Mas, antes que ele possa pedir uma explicação, o papagaio diz baixinho:

– O senhor se incomodaria se eu perguntasse o que foi que o frango fez?

LIÇÃO DE VIDA

O medo é uma ferramenta eficaz para atrair nossa atenção e influenciar nosso comportamento. Por isso ele é usado com tanta frequência por políticos, médicos, publicitários, etc. Os psicólogos chamam isso de *apelo do medo*.

Mas a verdade é que o medo raramente inspira as pessoas a realizar uma mudança duradoura. Além disso, mostrar a elas as consequências dos seus atos geralmente não funciona por muito tempo.

Assim, se você quer mesmo mudar sua vida (ou a de outra pessoa), não se limite à tática do medo porque não vai funcionar a longo prazo. Tenha também uma meta positiva e um plano claro para alcançá-la (ver Piada 1).

MAIS QUE UMA PIADA

Aqui vão quatro coisas essenciais a saber sobre o apelo do medo:

1. A tática funciona melhor quando é usada para promover determinado comportamento a ser realizado apenas uma vez (e não um comportamento repetido), como fazer um exame de sangue, tomar uma vacina contra a gripe ou fazer uma análise financeira.

2. Uma revisão de 50 anos de estudos científicos feita em 2016 mostrou que, por algum motivo, o apelo do medo funciona melhor com mulheres.

3. Se bem usado, o apelo do medo pode impulsionar alguém a agir, mas pouca coisa vai acontecer se a pessoa não oferecer uma solução viável e que pareça adequada ao problema. Além disso, entraves (custo, habilidades, crenças) precisam ser previstos e abordados antecipadamente.

4. O medo precisa ser usado na medida certa para funcionar. Um forte sentimento de medo é mais eficaz do que um medo moderado

– mas há um ardil: se o apelo provocar medo demais, provavelmente as pessoas ficarão na defensiva e entrarão em negação. Ou elas podem ficar imobilizadas e em pânico e, assim, deixar de captar a mensagem. Por outro lado, se o apelo não inspirar medo suficiente, a tendência é que as pessoas ignorem totalmente a mensagem.

67

Loura indignada

"Primeiro descubra o significado do que você diz e só depois fale."
– Epicteto

Um ventríloquo jovem se apresentava num clube de uma cidadezinha. Estava na metade de uma série de piadas sobre "louras burras" quando, de repente, uma loura na plateia se levantou e gritou:

– Já estou cheia dessas piadas degradantes. Qual é a sua, estereotipando as mulheres desse jeito? Os atributos físicos da pessoa não têm *nada* a ver com o valor delas como seres humanos. Caras como você impedem que as mulheres sejam respeitadas e alcancem todo o seu potencial, porque vocês promovem a discriminação não somente contra as louras, mas contra as mulheres em geral. E em troca de quê? Só de alguns risos baratos!

Pasmo, o ventríloquo começou a se desculpar, mas a loura o interrompeu:

– Não se intrometa, moço. Estou falando com esse idiotinha sentado no seu colo!

LIÇÃO DE VIDA

Com pedidos de desculpas a todas as louras, a lição dessa piada é: antes de expressar um ponto de vista, saiba do que está falando. Não adianta se mostrar totalmente errado aos berros. Você não vai convencer ninguém e ainda pode acabar provando o contrário. E escolha as palavras com cuidado. "Suas palavras são um reflexo de quem você é", explica a Dra. Shirley Vandersteen. "Se suas palavras estão lhe dando dor de cabeça, você está mostrando aos outros suas piores partes." Portanto, tudo bem, tenha paixão pelas suas ideias e se expresse, mas pense um pouco antes de falar.

MAIS QUE UMA PIADA

Já ouviu o ditado "Quem fala demais dá bom-dia a cavalo"? Se esse é o seu problema, aqui vão dois truques para manter isso sob controle.

1. A Dra. Vandersteen tem uma solução simples: "Treine com diligência fechar a boca assim que a abrir. Não estou brincando. Se você tem esse problema, significa que está reagindo às pessoas e às situações abrindo a boca e falando. Não está reagindo pensando. Quando você fecha a boca, está quebrando o padrão ou o hábito e assumindo o controle. Está dando a si mesmo tempo para *escolher* conscientemente o que quer falar."

2. Nós encontramos a seguinte abordagem inteligente num fórum on-line de apoio a pessoas que sofrem de ansiedade (verdade). O comentarista chama seu método de Dois e Meio. Ele explica: "Primeiro eu conto conscientemente até dois antes de pensar em responder. Enquanto isso, deixo a resposta pairar na mente para ver como ela se encaixa emocionalmente na conversa. Em geral ela se altera enquanto está pairando e sai como algo melhor. Não sei por que funciona. Simplesmente funciona. Depois, de forma deliberada, digo apenas a metade do que pretendia. Assim, o que de fato digo sai como algo bem pensado, como se minhas palavras tivessem sido escolhidas especialmente para a conversa. As outras pessoas ouvirão você – sua paciência será recompensada."

68

Na mosca

"Só acredito em estatísticas
que eu mesmo tenha manipulado."
– Winston S. Churchill

Um político, um economista e um estatístico saem para caçar. Eles estão avançando em silêncio pela floresta quando avistam um cervo.

O político levanta o fuzil, mira, dispara... e erra por um metro para a esquerda.

O economista zomba dele, em seguida mira, dispara... e erra por um metro para a direita.

Na mesma hora o estatístico dá um pulo, cheio de alegria, e grita em comemoração:

– Pegamos ele!

LIÇÃO DE VIDA

Somos inundados por estatísticas todos os dias e simplesmente as aceitamos como verdades. Mas só porque elas parecem oficiais não significa que sejam exatas: podem ser distorcidas, parciais ou mesmo mentiras deslavadas.

Isso significa que todas as estatísticas são falsas?

Claro que não.

O desafio é ouvir de modo crítico, ser cético na medida certa e tirar *suas próprias* conclusões.

MAIS QUE UMA PIADA

Algumas dicas para identificar estatísticas enganosas:

- **Verifique os números.** Antes de examinar os fatos, olhe os números. Parece loucura, mas às vezes as percentagens nos gráficos somam mais (ou menos) de 100% – e ninguém nota.

- **Use seu radar de papo-furado.** Graças à internet, existem muitas estatísticas inventadas por aí. Se alguma parece duvidosa, provavelmente é. Fique atento aos números: as estatísticas enganosas costumam parecer corretas simplesmente porque desejamos que sejam.

- **Considere o que ficou de fora.** É muito fácil criar meias verdades convincentes escolhendo informações que servem a um objetivo (ver Piada 32). Uma vez a Colgate anunciou que 80% dos dentistas recomendavam seu creme dental. Ficava implícito que apenas 20% dos dentistas recomendavam outra coisa. Mas, na verdade, os dentistas pesquisados podiam escolher várias marcas, não somente uma. Isso a Colgate "esqueceu" de mencionar.

- **Considere a fonte.** As estatísticas podem ser manipuladas para provar praticamente qualquer coisa. Por isso, uma das primeiras coisas a verificar é quem está divulgando a informação e o que está tentando provar. Por exemplo, estatísticas sobre o tabagismo podem "provar" que os cigarros tanto são benignos quanto letais, dependendo se a fonte é alguma instituição de luta contra o câncer ou algum grupo a favor da indústria do tabaco. Em quem você acreditaria?

- **Observe com atenção a linguagem usada.** Muitas estatísticas são modificadas por palavras capciosas – palavras intencionalmente ambíguas ou enganosas. Elas transformam estatísticas legítimas em meias verdades sem sentido. Por exemplo, pode haver *até* 400 pessoas monitorando seus passos neste momento. Fica implícito que 400 é um número significativo, mas na verdade ele não significa nada, porque qualquer número abaixo de 400 seria verdadeiro – inclusive zero. Dentre outras expressões capciosas estão "algumas pessoas dizem", "um número significativo de", "foi dito que..." e um monte de outras.

69

Percepção tardia

"Meu único arrependimento
na vida é não ser outra pessoa."
– Woody Allen

– Como você quebrou a perna? – pergunta o médico.

– Bom, 25 anos atrás...

– Não, quero saber como você quebrou a perna *hoje de manhã.*

– Estou tentando contar, doutor. Como eu dizia, 25 anos atrás, eu estava dirigindo por uma cidade do interior tarde da noite e precisava de um lugar para me hospedar. Então vi uma casa de fazenda. Parei e bati na porta. Contei minha situação ao homem que abriu a porta e ele me deixou ficar no quarto de hóspedes. No meio da noite, a filha linda do fazendeiro me acordou e perguntou se eu precisava de alguma coisa. Respondi: "Não, estou bem." Ela foi direto até mim e perguntou: "Tem certeza de que não precisa de nada?" Eu falei: "Tenho, sim." Ela chegou mais perto ainda e sussurrou no meu ouvido: "Tem *alguma coisa* que eu possa fazer por você?" E eu falei: "Não, acho que não."

– O que isso tudo tem a ver com a sua perna quebrada?

– Bom, hoje de manhã, quando eu estava fazendo um reparo na minha casa, de repente entendi o que ela quis dizer... e caí do telhado.

LIÇÃO DE VIDA

Em numerosos estudos, pessoas mais velhas dizem aos entrevistadores que não se arrependem das coisas que *fizeram*, e sim das coisas que *não* fizeram. Dizem que as oportunidades aparecem raramente na vida e que, se você não aproveitá-las, elas nunca se repetem. Claro, não podemos fazer tudo, precisamos ser seletivos, mas, se uma coisa muito importante surgir e atrair você profundamente, agarre-a. A escolha pode ser algo de que você se lembrará – ou se arrependerá – pelo resto da vida.

MAIS QUE UMA PIADA

Quais são as coisas mais prováveis de nos causar arrependimento? Veja cinco das que foram citadas por idosos e pessoas à beira da morte:

1. **"Viver a vida que esperavam de mim, não a que eu queria."** As pessoas nos pressionam a fazer coisas que *elas* querem que façamos – frequentemente dizendo que é para o nosso bem. Mas você tem seus sonhos, e, se não for atrás deles, vai se arrepender. Não viva segundo o sonho dos outros – siga os seus. Esse parece ser o principal arrependimento no final da vida.

2. **"Não ter dado mais valor aos meus entes queridos."** Nossos relacionamentos com filhos, pais e amigos estão entre as experiências mais ricas da vida, mas costumamos não lhes dar o valor devido. Não faça isso. Expresse seu amor sempre que puder e como puder.

3. **"Não ser autêntico."** A sabedoria popular expressa isso do seguinte modo: "Seja o que você é e não o que não é. Porque, se você não for o que é, você é o que não é." No fim da vida, as pessoas que percebem que reprimiram seus pensamentos e sentimentos e tentaram ser alguém que não eram sentem um arrependimento profundo.

4. **"Perder o contato com amigos."** Manter antigas amizades é muito mais importante do que você imagina. No fim da vida, as pessoas se arrependem profundamente de "não dar às amizades

o tempo e o esforço que elas merecem", escreve Bronnie Ware em *Antes de partir: Os 5 principais arrependimentos que as pessoas têm antes de morrer.* "Todo mundo sente falta dos amigos quando está morrendo."

5. **"Trabalhar demais."** Parece clichê, mas é verdade. O trabalho pode parecer premente e relevante no momento, mas a longo prazo não é nem de longe tão importante quanto as coisas mais satisfatórias que ele impede você de fazer: aproveitar a companhia das pessoas que você ama e as suas atividades preferidas.

70

Vai procurar sua turma

"Eu achava que a pior coisa na vida era terminar sozinho. Não é. A pior coisa na vida é terminar com pessoas que fazem a gente se sentir sozinho."
– Robin Williams

Um rapaz está andando pela floresta quando encontra alguns homens mais velhos sentados em volta de uma fogueira e que o convidam para se juntar a eles. Depois de alguns instantes de silêncio, um dos homens diz:

– Dezessete.

Todos começam a gargalhar.

Um outro sujeito diz:

– Sessenta e quatro.

E de novo todos riem.

O rapaz se vira para o velho ao lado e pergunta:

– Do que todo mundo está rindo?

O velho responde:

– Ah, é que nos conhecemos há tanto tempo que não precisamos mais *contar* as piadas, só dizemos o número delas.

Então o rapaz se levanta e diz:

– Trinta e três.

Ninguém ri. Sem graça, ele volta a se sentar e diz ao sujeito ao lado:

– Não entendi. A número 33 não é engraçada?

– É, sim – responde o velho –, mas não desse jeito que você contou.

LIÇÃO DE VIDA

Todos aprendemos isto do jeito mais difícil: não é possível se encaixar em todos os lugares. Alguns grupos o excluem, por mais que você se esforce para agradá-los. Mas não considere isso um fracasso pessoal; não é possível ser amigo de todo mundo. E, francamente, talvez o motivo não tenha nada a ver com você.

Se pensar bem, talvez descubra que você e seus amigos fazem a mesma coisa sem querer (ou querendo) com outras pessoas. Vocês têm seus gostos, sua linguagem, seu estilo, e pode ser difícil para alguém de fora se conectar com vocês. Assim, em vez de se sentir mal pensando a que lugares você não pertence, tente valorizar aqueles a que pertence – ou continue procurando até encontrar o seu grupo.

MAIS QUE UMA PIADA

Você pode se sentir rejeitado quando tenta se encaixar num grupo e não consegue. Mas se encaixar não é o fundamental, e a experiência pode ser uma oportunidade de aprender mais sobre si mesmo.

• **Use a rejeição para reavaliar suas prioridades.** O que realmente importa para você? Quando perguntam a pessoas idosas do que elas se arrependem na vida (ver Piada 69), uma das respostas mais comuns é: terem tentado agradar aos outros em vez de serem fiéis a si mesmas. "Você não vai querer mudar só para se encaixar num certo grupo", escreve um especialista. "É aí que muitas pessoas erram. Tentam obter aprovação dos outros, e nesse processo acabam se perdendo."

• **Use-a para valorizar o que torna você diferente.** Quando estamos tentando fazer parte de um grupo, a última coisa que queremos ouvir é que somos diferentes. Mas é possível deixar de ver isso como uma acusação e enxergar como uma oportunidade para autodescoberta. Talvez seus valores sejam mesmo diferentes. Ou seu senso de estética. Ou seu senso de humor. Você poderia tentar mudar essas coisas... ou poderia parar de tentar se ajustar e, em vez disso, encontrar pessoas que gostem de você pelo que você é – com quem você não precise ser uma pessoa diferente para ser aceito.

- **Use isso para redirecionar sua energia.** Pegue a energia que você estava investindo na tentativa de ser aceito e canalize-a para sua vida. Tenha clareza sobre seus objetivos pessoais e use essa energia para ir atrás do que realmente deseja. Qual é o seu sonho? O que você ainda não fez? Essa experiência pode ser o catalisador perfeito para colocá-lo em movimento.

71

Não conte com isso

"A mudança é a lei da vida. Quem olha só para o passado ou só para o presente com certeza perderá o futuro."
– John F. Kennedy

Um homem sentado num bar solta um suspiro profundo enquanto toma sua bebida. O barman ouve e pergunta:

– O que houve?

– Meu bisavô morreu tem duas semanas.

– Puxa, que droga – diz o barman.

– Bom, ele me deixou 100 mil dólares de herança.

– Ah, mas isso é ótimo – reagiu o barman, um tanto confuso.

– É, acho que sim. Mas na semana passada meu tio-avô morreu e me deixou 200 mil.

– Uau! E por que você está tão infeliz?

O homem levantou os olhos tristes e respondeu:

– Essa semana, até agora... não me deixaram nem um centavo!

LIÇÃO DE VIDA

Mudanças súbitas na vida – para melhor ou pior, tanto faz – alteram nosso ponto de vista. Começamos a pensar e a agir como se aquilo fosse a nova normalidade. Só que provavelmente não é, e levar a mudança muito a sério pode ser destrutivo. Se você está numa maré de sorte, aproveite enquanto dura. Se estiver numa maré de azar, não leve a sério. Isso porque de qualquer modo você pode ter certeza de que em pouco tempo tudo vai mudar de novo.

MAIS QUE UMA PIADA

O processo de mudança pode ser desconfortável - e dar medo - porque sabemos onde estávamos mas não para onde vamos. Acostumar-se com isso exige algum ajuste, que na prática acaba sendo um período cinzento chamado de *transição*. Especialistas dizem que existem três estágios na transição:

1. O estágio "Mas que saco, eu não quero isso" (resistência).

2. O estágio "Hum, isso pode ser interessante..." (considerando novas possibilidades).

E, finalmente:

3. O estágio "Que mudança? Mudou alguma coisa?" (aceitação).

Claro, seria mais conveniente pular os estágios 1 e 2 e ir direto para a aceitação. Só que, como observou uma psicóloga, "Simplesmente não funcionamos assim". Ela acrescenta: "Mas, ao *entender* como a mudança funciona, você não vai interpretar seu desconforto como sinal de que há um problema ou de que fez algo errado. Simplesmente vai dizer: *Ah, tudo bem, essa é só a sensação que a mudança provoca neste estágio.*"

72

Abra o olho

"A panela vigiada é a única que ferve."

– Steve Javna

Uma viúva decide ir à funerária para ver o corpo do marido antes do enterro, mas fica chateada quando o vê de terno azul.

– Meu marido deveria ser enterrado de terno marrom, não azul – reclama ela com o dono da funerária.

Ele sorri e diz:

– Claro. Vamos trocá-lo para a senhora.

A viúva fica satisfeita e lhe entrega um cheque para pagar o terno novo, perguntando:

– Isso basta?

O dono da funerária sorri e responde:

– Sim, isso é muito generoso, senhora.

Ao sair da funerária, a viúva pede desculpas por ser exigente. O dono sorri e diz:

– Nós entendemos, e vamos cuidar de tudo para a senhora.

Assim que a porta se fecha e a viúva não pode mais ouvir, ele se vira e grita:

– Ei, Ed! Troque as cabeças dos caixões 2 e 4!

LIÇÃO DE VIDA

Não pense que as pessoas se importam com as coisas que têm importância para você – mesmo quando elas abrem um largo sorriso e dizem que sim. Não é que todo mundo só se importe consigo mesmo, é só que cada um está envolvido com os próprios interesses e as suas necessidades não são prioritárias para os outros. Além disso, como nosso pai dizia: "Quando as pessoas não se importam, buscam a saída mais fácil... se acharem que ninguém vai reclamar." Portanto, não deixe que elas façam você de bobo. Faça pedidos específicos, seja firme e fique em cima até se dar por satisfeito com os resultados.

MAIS QUE UMA PIADA

Para fazer com que alguém leve seus interesses a sério, experimente as seguintes estratégias:

1. **Apele ao interesse pessoal do outro.** Mostre como ele vai se beneficiar ajudando você.

2. **Informe.** Explique *por que* você quer que algo seja feito e forneça contexto. Se a pessoa enxergar o problema pelo seu ponto de vista, talvez o assuma como um desafio pessoal.

3. **Mostre o resultado pretendido.** Todos queremos fazer coisas que têm importância. Se ajudar você resulta num sucesso que também levanta a autoestima da pessoa, o trabalho pode dar a ela um sentimento de importância e propósito.

4. **Apele para o emocional.** O entusiasmo é contagioso. Quando você demonstra sua empolgação, outras pessoas também se empolgam.

73

Você pode já ser vitorioso

"Se algum dia eu for outra vez atrás daquilo que meu coração deseja, não vou procurar além do meu quintal. Porque, se não estiver ali, é porque eu não perdi."

– Dorothy, em *O mágico de Oz* (1939)

Um homem estava visitando uma aldeia de pescadores quando chegou um barquinho com vários atuns grandões. Ele perguntou ao pescador quanto tempo tinha levado para pegá-los.

– Não muito.

– Então por que não ficou mais tempo para pegar mais peixes?

– Não precisava – respondeu o pescador. – Eu trouxe o suficiente para minha família.

– E o que você faz no resto do seu tempo?

– Durmo até tarde – respondeu o pescador –, pesco um pouco, brinco com meus filhos, tiro um cochilo, fico com minha esposa e à noite vou até a cidade tomar cerveja e cantar com meus amigos. Tenho uma vida boa, senhor.

O visitante revirou os olhos.

– Bom, talvez, mas se você passasse mais tempo pescando, poderia vender o peixe e usar o dinheiro extra para comprar um barco maior e pegar ainda mais peixes. Com o lucro desses peixes, você poderia comprar mais barcos. Com o tempo, poderia ter uma frota, em seguida, vender os peixes diretamente para uma indústria e até abrir sua própria fábrica de atum em lata. Você estaria integrado verticalmente, controlando o produto, processando e distribuindo. Logo poderia sair desta aldeia e ir morar numa grande metrópole, para administrar o seu império.

– E depois, senhor?

– Você abre o capital da empresa e vende as ações. Vai ganhar uma fortuna!

– Uma fortuna, senhor? E depois?

– Depois você pode se aposentar e se mudar para uma pequena aldeia de pescadores, onde poderá dormir até tarde, pescar um pouco, brincar com seus filhos, tirar um cochilo, ficar com sua esposa e à noite ir à cidade tomar cerveja e cantar com os amigos.

LIÇÃO DE VIDA

Em nossa cultura, existe a ideia de que devemos sempre querer mais e que ter mais levará a mais felicidade. Mas você não precisa entrar nessa. Reflita: você está satisfeito com quem é e com o que faz? Se estiver, você já ganhou, pode deixar a mesa de jogo.

MAIS QUE UMA PIADA

O pescador da piada sabia, instintivamente, do que precisava na vida. Muitos não sabem. Se *você* é um desses, pesquisadores sugerem priorizar:

- **Uma rede social forte.** Estudos mostram que o principal indicativo de que as pessoas estão satisfeitas com a própria vida é o número de amigos íntimos e conexões familiares. Assim, ainda que manter relacionamentos exija esforço, realmente vale a pena.

- **Sua história pessoal.** Segundo pesquisadores, as pessoas que registram suas histórias são mais felizes com a própria vida. Bônus: estudos indicam que conhecer a história da própria família incrementa também a autoestima dos filhos.

- **Objetivos razoáveis.** Isso aparece frequentemente nos estudos: as pessoas que estabelecem objetivos ambiciosos – mas alcançáveis – têm muito mais probabilidade de estar contentes. Por exemplo: caminhar 2 quilômetros todos os dias, ler um livro, limpar a garagem (ver Piada 1).

- **O sentimento de estar fazendo diferença no mundo.** Pesquisas mostram que as pessoas que fazem trabalho voluntário não somente aproveitam mais a vida, também são mais saudáveis e vivem mais.

- **Um modo de crescer.** Psicólogos dizem que manter a mente aberta contribui para um sentimento maior de esperança e vitalidade. Isso inclui qualquer coisa, desde fazer um curso até simplesmente tentar entender o ponto de vista de outra pessoa.

- **Tempo para desfrutar dos pequenos prazeres da vida.** Se você conseguir estar "presente no momento", terá mais probabilidade de se sentir centrado e em paz. Tente fechar os olhos por um momento e esquecer as preocupações, concentrando-se no lugar onde você está no momento. Esse pouquinho de meditação por atenção plena é poderoso para aumentar a satisfação com sua vida. Quanto mais você fizer isso, melhor vai se sentir.

74

Ensinando pelo exemplo

"Quando as pessoas são livres para fazer o que querem, geralmente imitam umas às outras."
– Eric Hoffer

Recentemente meu avô completou 100 anos. Foi um grande acontecimento na nossa cidadezinha, tanto que o jornal local mandou um repórter cobrir a festa de aniversário dele. Depois que vovô soprou as velinhas, o repórter foi até ele e perguntou:

– Com licença, senhor, pode nos contar qual é o segredo para viver tanto?

– Bom – respondeu vovô –, o principal é jamais discutir com alguém.

O repórter ficou espantado.

– *O quê?* Sério? Não é uma alimentação saudável, atividade física regular ou algo assim? O senhor quer realmente que eu acredite que o segredo para viver 100 anos é "jamais discutir"? Isso é ridículo!

Vovô pensou por um momento e disse:

– Sabe, acho que você tem razão.

LIÇÃO DE VIDA

Às vezes, o único modo de convencer alguém é mostrar na prática o que você quer dizer: agir em vez de simplesmente falar. Na verdade, esse é um dos principais modos de aprendizado dos seres humanos. Estudos mostram que as crianças humanas fazem uma coisa que nenhum outro primata faz: imitam todas as ações de seus principais modelos adultos, não importando se fazem sentido ou não. À vista disso, se sua mensagem não está alcançando o destino, lembre que sempre é possível ensinar uma lição agindo em vez de falar e sendo um exemplo.

MAIS QUE UMA PIADA

Muitas pesquisas científicas sustentam a teoria de que aprender a partir de um modelo de comportamento funciona – na verdade, existe toda uma linha de terapia baseada nisso. A *terapia comportamental*, desenvolvida no final da década de 1960, provou que os seres humanos podem superar muitos problemas simplesmente observando pessoas que sabem como enfrentá-los. Também foi demonstrado que o modelo de comportamento funciona melhor em determinadas condições, que você deve ter em mente se quiser passar sua mensagem:

1. O comportamento que você quer que as pessoas copiem deve ser apresentado de modo claro e conciso. Deixe de fora detalhes desnecessários, pois só servem para distrair.

2. Comece com os comportamentos mais simples e aos poucos vá inserindo as partes mais complexas.

3. A competência conta. Quanto melhor você for em alguma coisa, mais eficaz será como exemplo, então tenha certeza de que sabe o que está fazendo.

4. Sorria! Os exemplos amigáveis e acessíveis são os mestres mais eficazes. Também ajuda se a pessoa que ensina pelo exemplo é do mesmo sexo e da mesma idade de quem precisa aprender.

5. Verifique se seu "aprendiz" está realmente assimilando algum ensinamento. Atuar como exemplo também inclui uma recompensa imediata e clara para o comportamento. Isso ajuda a levar a pessoa da observação para a ação – que, afinal de contas, é o objetivo final.

75

História de pescador

"Muitos homens pescam a vida inteira sem saber
que não é de peixes que eles estão atrás."
– Henry David Thoreau

Um morador de uma região muito fria fica bêbado e decide ir pescar no gelo. Ele pega sua vara de pesca e seu banquinho e vai. De repente, quando está prestes a abrir um buraco no gelo, o homem escuta uma voz trovejante vinda do alto:

– VOCÊ NÃO VAI ENCONTRAR PEIXE AÍ.

O homem olha em volta, assustado, mas não consegue descobrir de onde veio a voz. Ele coça a cabeça e volta a cortar o buraco no gelo.

Então ouve de novo a voz trovejante vinda de cima:

– VOCÊ NÃO VAI ENCONTRAR PEIXE AÍ.

Agora o sujeito fica mesmo abalado. Ele olha para o alto e grita:

– Deus, é o Senhor?

– NÃO – responde a voz. – É O GERENTE DO RINQUE DE PATINAÇÃO.

LIÇÃO DE VIDA

Sem entrar na teologia, aqui temos uma lição prática para todo mundo: nem toda voz que parece "divina" é. Às vezes é só um cara com um microfone.

MAIS QUE UMA PIADA

Você é quem julga: as vozes a seguir eram divinas... ou só um cara com um microfone?

- **George King.** Em 1955, King fundou a Sociedade Etérea, cujos seguidores acreditam que seres alienígenas, chamados de "Mestres Cósmicos", controlam o destino dos homens e que o Messias chegará num disco voador.

- **Hogen Fukunaga.** Em 1987, Fukunaga criou a Ho No Hana Sanpogyo, conhecida como "seita da leitura dos pés". Seus 30 mil seguidores acreditavam que ele era a reencarnação de Jesus e de Buda e que diagnosticava os problemas das pessoas examinando a sola dos pés delas.

- **Claude Vorilhon.** É um piloto de corridas de automóveis que, em 1974, mudou seu nome para Raël e fundou o movimento raeliano. O dogma central do movimento: os seres humanos foram criados por uma raça de alienígenas chamados Elohim.

- **Hon-Ming Chen.** Fundou a seita Chen Tao (Caminho Verdadeiro), cujos princípios centrais incluem a crença de que todo ser humano tem três almas e que o Sistema Solar surgiu a partir de uma guerra nuclear. Uma previsão sua ficou famosa: de que Deus apareceria em todos os aparelhos de TV dos Estados Unidos às 12h01 de 31 de março de 1998.

76

Dando uma mãozinha

"Quando você sabe o que um homem deseja,
sabe quem ele é e como influenciá-lo."
– George R. R. Martin

Um homem é preso por assalto à mão armada. Depois de alguns meses, ele recebe uma carta do pai:

Querido filho, parece que este ano não vou poder plantar o canteiro de batatas. Odeio isso, mas acho que estou velho demais para cavar um canteiro sozinho. Se você estivesse aqui, sei que faria isso por mim. Mas sozinho não posso fazer muita coisa. Espero que fique bem.

Com amor, seu pai.

Pouco depois, o velho recebe uma carta do filho: *Pelo amor de Deus, pai, não cave a horta! Foi lá que eu enterrei o dinheiro!*

Alguns dias depois, um grupo de agentes do FBI aparece na casa e começa a cavar o quintal. Eles reviram tudo, mas não encontram nenhum dinheiro. Confuso, o pai escreve outra carta ao filho contando o que aconteceu e perguntando: "O que devo fazer?"

O filho responde: "*Agora* plante suas batatas."

LIÇÃO DE VIDA

Há ocasiões em que é preciso ser especialmente criativo na utilização dos recursos disponíveis para o que você quer fazer. Um desses recursos são as pessoas.

Se você entende as pessoas e consegue perceber o que elas já têm propensão a fazer (especialmente se for algo que faça com que se sintam bem consigo mesmas ou com seu trabalho), pode transformá-las em aliadas sem que elas nem saibam. Bons gerentes fazem isso o tempo todo sem que seus subalternos se sintam explorados. Eles sabem que as tarefas certas darão às pessoas um sentimento de realização e que, graças a isso, elas vão querer fazer ainda mais.

MAIS QUE UMA PIADA

Aqui vão seis ideias de como conseguir que as pessoas o ajudem a fazer seu trabalho:

1. **Primeiro faça algo para elas.** Ofereça ajuda *antes* de precisar. E quando você quiser ajuda, não aja como se fosse uma troca, trate os dois trabalhos de forma separada. As pessoas vão fazer a conexão naturalmente.

2. **Peça um grande favor, que você sabe que será negado.** Depois, volte e peça um menor – aquele que você realmente queria desde o início. Pesquisadores descobriram que essa estratégia, chamada de *porta na cara*, realmente funciona. Quem recusou o primeiro favor provavelmente vai se sentir culpado por ter deixado você na mão e tentará se redimir ajudando com o favor menor e mais razoável.

3. **Faça parecer empolgante.** O entusiasmo é contagiante. Se você estiver animado com sua tarefa, é mais provável que seus ajudantes-alvo também fiquem. Mostre que você vai fazer a tarefa

mesmo que ninguém te ajude, mas que, como vai ser realmente grande, você quer incluí-los. Se disserem não, não se abale. Talvez eles participem na próxima vez... e você sempre pode pedir a outra pessoa.

4. **Peça a alguém que já o ajudou em outra ocasião.** Especialistas em angariar fundos para caridade sabem que quem já contribuiu antes tem mais probabilidade de contribuir de novo. O mesmo se aplica aqui. Como essas pessoas já fazem parte da sua equipe, elas são perfeitas para te ajudar.

5. **Valorize a pessoa.** Faça com que ela se sinta bem ao fazer aquele trabalho para você. Pesquisas mostram que elogios funcionam – desde que sejas pessoais e sinceros. Se você gosta da postura da pessoa, ou de suas ideias, sua energia ou qualquer outra coisa, diga a ela.

6. **Agradeça – em público e em particular.** Dizer obrigado é o presente mais barato que você pode dar – e pode ter um efeito tão forte quanto um presente caro. O interessante é que o oposto também acontece: se você não agradece a alguém que te ajudou, essa pessoa se sente desvalorizada e provavelmente nunca mais vai te ajudar de novo.

77

Quem não chora não mama

*"Que os sábios sejam sábios por instinto se puderem,
mas, quando isso não funcionar, que sejam sábios
por obra de bons conselhos."*
– Sófocles

Uma mulher implora ao médico:

– Doutor! Doutor! Por favor, me ajude! Dói em qualquer parte do corpo que eu toque!

– Claro que ajudo você. Me mostre.

A mulher cutuca o tornozelo e grita de dor. Depois, cutuca o joelho e grita de dor. Depois, cutuca a testa e grita de novo.

– Já é suficiente – diz o médico. – Me deixe pensar. – Ele pondera em silêncio por um momento e declara: – Já sei. Você quebrou o dedo.

LIÇÃO DE VIDA

Está estressado ou com dor? É difícil pensar com clareza nessas situações e é fácil tirar conclusões precipitadas. Portanto, ainda que seja seu primeiro impulso, é um momento excelente para pedir conselho. Uma pessoa objetiva pode ter conhecimento (ou simplesmente bom senso) para ver o que você não está conseguindo enxergar. E talvez você tenha uma boa surpresa ao perceber que a solução do seu problema na verdade é bem simples.

MAIS QUE UMA PIADA

Pronto para ouvir alguns conselhos? Então lá vai:

1. **Não tenha medo de pedir.** Ao contrário do que você talvez espere, estudos mostram que as pessoas não acham que você é preguiçoso ou incompetente por pedir um conselho. Na verdade, elas acham você inteligente. Além do mais, provavelmente vão se sentir lisonjeadas pelo seu pedido de ajuda e lhe darão crédito extra por ter recorrido a *elas* e não a alguém menos apto. O resultado é que você alimenta o ego da pessoa, recebe a informação de que precisa e ainda estabelece um relacionamento.

2. **Faça perguntas específicas.** Faça o trabalho de casa *antes* de pedir conselho a alguém. Tente responder você mesmo a cada pergunta, depois faça perguntas destinadas a preencher as lacunas no seu conhecimento. Se você mostrar ao seu "conselheiro" o que já sabe, ele ficará feliz em ajudá-lo com o que você não sabe.

3. **Faça uma única pergunta genérica.** Depois de ter suas dúvidas respondidas, faça uma última pergunta genérica, algo como "Tem mais alguma coisa que eu precise saber?" ou "Você tem mais alguma sugestão?". Agora que seu conselheiro já sabe o que você está procurando, vai poder oferecer informações adicionais – algo que você talvez nem tenha pensado em perguntar.

78

Ufa!

"Às vezes a cura é pior que a doença."
– Provérbio iídiche

Duas garotas estão andando pela rua quando, de repente, uma delas para e aponta para o chão, horrorizada:

– Isso é cocô de cachorro?

A outra olha desconfiada. Em seguida, se abaixa e aproxima o nariz.

– Tem cheiro de cocô.

As duas enfiam o dedo no negócio. A primeira diz:

– E a textura é de cocô.

As duas colocam o dedo na boca. A segunda diz:

– É, e tem gosto de cocô.

– Eca! – diz a primeira. – Ainda bem que a gente não pisou.

LIÇÃO DE VIDA

É, essa é uma piada de quinta série, mas nós realmente a usamos: volta e meia invocamos a frase final ("Ainda bem que a gente não pisou") quando percebemos que, ao tentar evitar alguma coisa, na verdade pioramos a situação. É uma maneira de lembrarmos que às vezes é mais inteligente correr o risco e enfrentar as possíveis consequências do que ir logo desviando de algo que a princípio nem é tão ameaçador. Em outras palavras: pisar em bosta não é legal, mas ainda é melhor que comer.

MAIS QUE UMA PIADA

Como você sabe quando um risco é razoável e quando é bobagem? Aqui vão três perguntas a se fazer na hora de realizar uma "análise de risco pessoal":

1. **Qual a probabilidade de dar errado?** Segundo a amplamente aceita Teoria da Perspectiva, quando analisamos o risco costumamos nos concentrar mais nas possíveis perdas do que nos ganhos. Antecipar a perda induz a uma reação de luta ou fuga no nosso sistema nervoso: o coração bate mais rápido e mais cortisol é liberado, dificultando o raciocínio. O resultado é que exageramos a perspectiva do risco verdadeiro. Para uma visão mais equilibrada, inverta o processo mental perguntando-se também: "E se tudo der *certo*?" Como disse Mark Twain: "Estou velho e conheci muitos problemas grandes, mas a maioria deles jamais aconteceu."

2. **Se surgirem problemas, você consegue enfrentá-los?** Um estudo publicado no *Journal of Consumer Research* indica que a maioria das pessoas tem, a princípio, uma visão exagerada das próprias habilidades, mas, assim que encontram dificuldades, seu julgamento se inverte e elas passam a *subestimar* sua capacidade de enfrentá-las. Estudos sugerem que, numa crise, somos mais capazes do que acreditamos. E aí, você está se *super*estimando ou se *sub*estimando?

3. **O que pode acontecer de pior? Defina o cenário mais sombrio possível.** Compare isso com o que será necessário para evitar o risco potencial. Você pode descobrir que o resultado mais temido não é tão ruim. E, se tiver um plano B (ver Piada 34), a situação será menos ameaçadora ainda.

79

Que absurdo!

"O sentimento do absurdo pode acertar a cara de qualquer pessoa em qualquer esquina."
– Albert Camus

Um homem com a cabeça grande e laranja vai ao médico.

– Meu Deus! – exclama o médico, perplexo. – Como foi que isso aconteceu?

– Bom, é uma longa história. Alguns anos atrás, eu estava caminhando pela praia quando tropecei em alguma coisa. Olhei e vi uma antiga lâmpada de latão. Eu espanei a areia e, de repente, um gênio saiu da lâmpada e disse, numa voz trovejante: "Você me libertou da minha prisão. Como agradecimento, vou lhe conceder três desejos." Eu falei: "Muito bem. Quero ser absurdamente rico." "Concedido", disse o gênio, e no mesmo instante eu estava com a carteira cheia de dinheiro e uma pasta cheia de ações e títulos. Então eu pedi: "Quero ser absurdamente bonito." "Concedido", disse o gênio, e no mesmo instante três modelos apareceram do nada e começaram a me acariciar. Então o gênio disse: "Qual é o seu terceiro desejo?" E, bem, talvez tenha sido aí que eu errei, porque eu pedi: "Quero ter uma cabeça grande e laranja."

LIÇÃO DE VIDA

Essa é uma "antipiada". Ela não tem um desfecho como o das outras. Não há uma reviravolta ou um jogo de palavras e provavelmente não vai arrancar uma boa risada de você. Mas nem todo tipo de humor faz isso. O engraçado nessa piada é que ela é absurda, *non-sense*. Ela abraça aquilo que um sociólogo chama de "condição de existir num mundo sem sentido e irracional".

Isso deveria ser pelo menos um pouco familiar para todo mundo. Por mais que tentemos encontrar sentido na vida, sempre haverá ocasiões em que as coisas simplesmente não farão sentido. Você *pode* deixar que elas te incomodem, mas por que não optar por rir? Não é resignação. Na verdade, é o oposto: perceber humor numa situação absurda é sublime e fortalecedor. Experimente.

MAIS QUE UMA PIADA

Ficou intrigado com o humor absurdo? Nós também. Aqui vão quatro antipiadas rapidinhas para… curtir?

1. O que é, o que é: tem cabo comprido, tampa redonda e eu sou um cachorro.

2. Dois elefantes estavam voando: um para o norte, o outro, vermelho.

3. Dois filhotes de urso estão no banheiro. Um se vira para o outro e diz: "Pode me passar o papel higiênico?" O outro responde: "Está me achando com cara de quê, de máquina de escrever?"

4. Floresta escura e profunda. Calor e umidade densa feito melaço. Numa clareira há uma pequena poça onde dois hipopótamos buscam refúgio do calor. Um se vira para o outro e diz: "Puxa, não consigo aceitar que hoje é quinta-feira."

80

Não leve para o lado pessoal

"A crítica é algo que podemos evitar facilmente: é só não dizer nada, não fazer nada e não ser nada."
– Aristóteles

Tony estava treinando para ser boxeador. Pesava 100 quilos e tinha corpo robusto e musculoso, mas simplesmente não lutava bem. Um dia seu treinador ficou farto e foi tirar satisfação com ele:

– Eu não entendo, Tony. Você é enorme e rápido, mas dá socos horríveis e não consegue bloquear os golpes nem que sua vida dependesse disso. Se eu fosse do seu tamanho, seria o campeão mundial dos pesos-pesados!

– Sério? – reagiu Tony. – Então por que você não é o campeão mundial dos pesos-pena?

LIÇÃO DE VIDA

Antes de aceitar alguma crítica, avalie com cuidado de onde ela está vindo. Veja qual é a motivação da pessoa para criticar você. Ela está tentando te ajudar... ou te derrubar? Há muito a aprender com as críticas construtivas, mas não é necessário levar a sério tudo que você ouve. Escolha bem o que (e quem) você escuta e não hesite em desconsiderar o que não se aplica a você.

MAIS QUE UMA PIADA

Três perguntas simples a se fazer quando alguém começar a criticar você:

1. **Você se importa com o que essa pessoa diz ou pensa a seu respeito?** Se a resposta for não, ignore.

2. **A crítica é construtiva?** A crítica construtiva é aquela que tem como objetivo ajudar. Ela oferece sugestões realistas para melhoria, coisas que você realmente pode fazer, e respeita quem você é. É o que se espera de amigos.

3. **A crítica é destrutiva?** A crítica destrutiva é um ataque. Ela te deprecia e baixa a sua autoestima. Dá para aprender algo com ela, mas só se você conseguir filtrá-la para retirar a camada de negatividade. Não baixe a guarda; não deixe que pessoas que querem magoar você influenciem seu pensamento.

Quanto a como lidar com críticas, estas são as recomendações de especialistas:

- **Não leve para o lado pessoal.** Lembre que são só as observações ou opiniões de alguém, não um julgamento divino.

- **Permaneça calmo e racional.** Fique frio, especialmente se estiver no trabalho. Guarde a indignação para mais tarde, quando estiver com amigos.

- **Não invente desculpas.** Se a crítica for válida, não refute, apenas ouça. Você não vai conseguir escutar o que as críticas dizem se estiver ocupado se defendendo. Além disso, as pessoas se cansam de ser interrompidas e podem simplesmente desistir, e aí você deixa de tirar proveito das ideias delas.

- **Identifique a mensagem que vale a pena.** Mesmo que seja doloroso, dê ouvidos à orientação que estiver recebendo. O que há de verdadeiro na crítica? O que você pode aprender com ela?

- **Não esqueça de agradecer.** É bom cultivar uma rede de críticos construtivos. Parte do crescimento pessoal depende de recebermos feedback sincero de amigos.

81

A fonte da juventude

"Só se pode ser jovem uma vez.
Mas sempre se pode ser imaturo."
– Dave Barry

No meio de uma partida de futebol infantil, o treinador chama um jogador.

– Joãozinho, você sabe o que é fazer parte de um time e o que é cooperação?

O menino confirma com a cabeça.

– Ótimo. E você sabe que o que realmente importa é a gente ganhar isso junto, como um time?

De novo o menino confirma.

– E que, quando o juiz apita uma falta, você não xinga nem ataca ele? Você entende isso, Joãozinho?

Outra vez o menino confirma com a cabeça.

– Agora vá lá explicar isso à sua mãe.

LIÇÃO DE VIDA

Existe um fenômeno muito real chamado Síndrome da Liga Infantil. É o que acontece com pais que ficam tão envolvidos emocionalmente com o esporte dos filhos que se tornam agressivos verbalmente – às vezes até fisicamente – nos jogos. Mas a Síndrome da Liga Infantil não se aplica apenas a esportes. Ela pode ser encontrada em qualquer parte. Chiliques, incapacidade de controlar os impulsos, etc. (comportamentos normais em crianças) são sinais de imaturidade em adultos. Você vai precisar saber lidar muito bem com essas pessoas. Se não estiver disposto a gastar seu tempo e sua energia com elas, afaste-se - mesmo se gostar delas.

MAIS QUE UMA PIADA

Como saber que é hora de se afastar? Procure os seguintes sinais de alerta:

- **Egocentrismo.** Psicólogos dizem que é o principal traço de personalidade dos adultos imaturos. Eles precisam ser o centro das atenções, não importando como isso vai afetar outras pessoas.

- **Xingamentos.** As crianças usam palavrões para afirmar seu poder e encobrir medo e insegurança. Assim como os adultos imaturos.

- **Comportamento de bebê chorão.** Eles reclamam o tempo todo e não se satisfazem com nada.

- **Acusações.** Ficam na defensiva, inventam desculpas e culpam outras pessoas pelo que eles próprios fizeram.

- **Mentiras.** Eles mentem para se livrar de encrencas, igual a crianças pequenas.

Especialistas sugerem tratar os adultos imaturos como se fossem crianças. Estabeleça limites, determine padrões de comportamento aceitáveis e deixe claras as consequências do mau comportamento. Por exemplo:

- **Se eles começarem a resmungar, mude de assunto.**

- **Se estiverem "fazendo pirraça", não morda a isca.** Dar atenção só vai piorar as coisas. Não reaja. Espere até a pessoa terminar de dar chilique e só então tente conversar. Se ela continuar se comportando mal, peça licença e se afaste calmamente.

- **Finalmente, considere manter distância emocional.** Mesmo que você precise ficar perto da pessoa, não precisa investir nesse relacionamento. Adultos imaturos podem ser muito tóxicos.

82

Hein?

"O maior problema de comunicação
é a ilusão de que ela aconteceu."
– George Bernard Shaw

Depois de anos abrindo o coração na terapia, investindo horas incontáveis e uma parte significativa do salário nas sessões, um homem finalmente toma coragem para fazer uma pergunta sobre um detalhe intrigante do método do terapeuta, algo que ele jamais entendeu.

– Doutor, eu me consulto com o senhor uma vez por semana há cinco anos, contando todos os detalhes dolorosos da minha infância, expondo todas as minhas inseguranças, narrando todos os meus arrependimentos e chorando por causa dos meus relacionamentos pessoais difíceis. E o tempo todo o senhor ficou aí sentado, ouvindo e observando, sem jamais fazer uma pergunta nem oferecer conselho. Por quê? Por que o silêncio?

O terapeuta assente com ar pensativo, olha para suas anotações e, depois de uma longa pausa, diz:

– *I don't speak portuguese.*

LIÇÃO DE VIDA

Para quem olha de fora, pode parecer absurdo que uma pessoa de repente descubra, depois de anos num relacionamento íntimo, que não estava se comunicando com seu parceiro. Mas isso acontece o tempo todo. Pense bem: quantas vezes você achou que um amigo entendia exatamente o que você estava dizendo e mais tarde descobriu que ele interpretou totalmente errado a mensagem, ou pior, que nem estava escutando? Estudos mostram que repetidamente supomos que estamos sendo compreendidos (mesmo que não haja um bom motivo para pensarmos isso), porque é reconfortante acreditar que não estamos sozinhos e que os outros enxergam o mundo do mesmo modo que nós. Uma consequência: confiamos em quem não deveríamos.

MAIS QUE UMA PIADA

Os relacionamentos bem-sucedidos – seja de trabalho, de amizade ou de amor – dependem de boa comunicação verbal, e a maneira mais fácil de descobrir se suas palavras estão alcançando alguém é simplesmente perguntar. Os coaches pessoais chamam isso de *ciclo de feedback da comunicação*, mas não é nada complicado: você simplesmente faz uma pergunta que exija resposta, como "O que você acha?". Ou pede que o ouvinte repita com as próprias palavras o que entendeu do que você disse. Ao fazer isso, você permite que a pessoa participe ativamente da interação e cria a oportunidade de vocês dois estabelecerem um relacionamento de confiança – ou não.

83

Novato

"As pessoas podem esquecer o que você disse, mas nunca vão esquecer como você fez com que se sentissem."
– Carl W. Buehner

O novo diretor de uma organização queria sacudir as coisas e deixar claro que era sua prioridade afastar os preguiçosos. No seu primeiro dia, percorrendo a sede, entrou numa sala cheia de funcionários e notou um rapaz que não fazia nada, encostado numa parede. Querendo já chegar mostrando quem é que mandava ali, ele foi até o sujeito e falou:

– Você aí. Quanto você ganha?

– Mil dólares – respondeu o rapaz. – Por quê?

O diretor pegou mil dólares em dinheiro vivo e entregou ao sujeito, gritando:

– Tome aqui. Agora vá embora E NÃO VOLTE NUNCA MAIS!

Satisfeito, o diretor então olhou em volta e perguntou:

– Alguém sabe o que aquele idiota fazia aqui?

Após uma longa pausa, alguém nos fundos da sala respondeu:

– É o entregador de pizza.

LIÇÃO DE VIDA

As primeiras impressões dão o tom para o futuro de um relacionamento. Estudos mostram que, se as pessoas ficarem positivamente impressionadas ao conhecer você, vão se abrir e querer mais contato. Mas, se você causar má impressão, é menos provável que elas confiem em você. Portanto, quando souber que vai conhecer pessoas novas, prepare-se, porque, se for despreparado, é bem possível que saia parecendo idiota... e talvez nunca mais tenha outra oportunidade.

MAIS QUE UMA PIADA

Pesquisas mostraram que as primeiras impressões são formadas nos segundos iniciais (ou menos) ao conhecermos alguém. E, depois que a impressão está formada, é quase impossível mudá-la. Tente dar o seu melhor nesses primeiros momentos fundamentais, da seguinte forma:

- **Preste atenção na linguagem corporal.** Estudos mostram que sua postura, seu aperto de mão, seu olhar, etc., têm quatro vezes mais impacto numa primeira impressão do que as suas palavras. Se estiver inseguro, ensaie diante de um espelho.

- **Pesquise.** Descubra tudo que for possível sobre as pessoas que você vai conhecer. Depois, escolha uma coisa que você ficou sabendo e faça questão de mencioná-la na conversa. "Você vai parecer interessante e bem informado", explica um consultor, "duas qualidades que ajudam a causar boa impressão."

- **Ouça com atenção.** Não é necessário impressionar ninguém com sua inteligência, apenas ouça o que o outro está dizendo e faça perguntas pertinentes e atenciosas. Se você estiver interessado no que a pessoa tem a dizer, ela tenderá a confiar mais em você.

84

A dor é pessoal

"Ninguém pode fazer você se sentir inferior sem seu consentimento."
– Eleanor Roosevelt

Um casal entra no consultório do dentista e o marido diz:

– Preciso que o senhor arranque um dente, mas não quero nenhuma dessas frescuras caras, doutor. Não precisa de anestesia nem nada, só arranque logo o dente e resolva isso de uma vez.

– Uau – disse o dentista. – Quem me dera ter mais pacientes corajosos como o senhor. E qual é o dente?

O marido se vira para a esposa e diz:

– Abra a boca e mostre, querida.

LIÇÃO DE VIDA

Essa piada é sobre a necessidade de estabelecer limites claros. Só você sabe como se sente. Assim, quando alguém atravessar a linha invisível que indica onde você começa e a pessoa termina, como fez o marido, você é quem deve deixar claro que a pessoa foi longe demais. Você tem o poder de decidir quem entrará na sua vida e até onde vai deixar a pessoa ir. Use esse poder. Não seja vítima.

MAIS QUE UMA PIADA

Pense nisso como uma questão de saúde. Nossa saúde – física e emocional – depende da nossa capacidade de manter limites com relação aos outros. Confira algumas sugestões para facilitar esse processo:

1. Saiba que é normal se sentir culpado. Para quem está começando a estabelecer limites em seu relacionamento, pode haver sentimentos de culpa e dúvida. Ignore-os; permita-se começar a pensar no próprio bem-estar. Pode parecer que você está sendo duro demais ao estabelecer limites, mas lembre-se: não é saudável ser um mártir.

2. Experimente, para descobrir quais são seus limites. Todos temos uma zona de conforto para os relacionamentos. No entanto, talvez você ainda não saiba com clareza onde fica a sua, então o que fazer para descobrir? Para isso, comece a observar como você se sente em circunstâncias diversas. Segundo especialistas no assunto, existem dois sentimentos que são indicações quase certas de que seus limites estão sendo ultrapassados: desconforto e ressentimento.

3. Fale. Ninguém pode ler sua mente. Você precisa dizer aos outros quais são os seus limites. Seja direto. Explique seu desconforto, se for adequado, mas não discuta nem sinta que precisa se justificar. Se um suposto amigo não demonstrar compreensão com algum incômodo que você expressar, talvez ele simplesmente não se importe com seu bem-estar.

4. Esteja preparado para o caso de o outro reagir com raiva. Pode ser uma defesa da pessoa ou uma tentativa de controlar você. A raiva é uma ferramenta usada por intimidadores para imporem sua vontade, mas não abra mão das suas necessidades por causa da agressividade dos outros – a raiva deles é problema *deles*, não seu.

5. Seja prático. Você está preparado psicologicamente para a reação do outro? Se não estiver, considere começar com pequenos passos, estabelecendo limites não ameaçadores, e expandi-los aos poucos. Criar novos hábitos e mudar o comportamento exige persistência (ver Piada 1), portanto, seja lá o que você decida fazer, o importante, acima de tudo, é ir até o fim.

85

Apreciando a vida

"Vida é o que acontece enquanto você está ocupado fazendo outras coisas."
– John Lennon

Depois de semanas de chuva, uma cidadezinha ficou inundada e todos os moradores precisaram deixar suas casas. Quando o barco de resgate chegou à última casa de um determinado quarteirão, a equipe encontrou um homem de pé no corredor com água até a cintura.

– Venha! – gritaram os bombeiros. – A água está subindo! Entre no barco.

Mas o homem, que era profundamente religioso, gritou de volta:

– NÃO! Eu tenho fé em Deus e *Ele* vai me salvar!

Em algumas horas, a água da enchente subiu mais ainda e forçou o homem a ir para o segundo andar da casa. Por sorte, outro barco surgiu. O pessoal do resgate gritou para ele:

– O senhor não pode ficar aqui, a água continua subindo! Entre no barco!

– DE JEITO NENHUM! – respondeu o homem. – Eu tenho fé em Deus e *Ele* vai me salvar!

A água continuou a subir e logo o homem teve que ir para o ponto mais alto do telhado da casa. Felizmente um helicóptero de resgate apareceu e jogou uma escada de corda para ele. O piloto gritou pelo megafone:

– Senhor, POR FAVOR! A água continua subindo! Pegue a escada e vamos embora daqui!

O homem se recusou peremptoriamente:

– NÃO! Eu tenho fé em Deus e *Ele* vai me salvar!

Quando a água subiu ainda mais, o homem foi levado e morreu afogado. Chegando ao céu, ele foi tirar satisfação com Deus.

– Senhor, eu tinha certeza absoluta de que o Senhor ia me salvar... mas o Senhor me deixou morrer. Por que me abandonou?

– Como assim? – respondeu Deus. – Eu mandei dois barcos e um helicóptero!

LIÇÃO DE VIDA

Algumas pessoas só conseguem reconhecer um presente quando está embrulhado e com um laço. É uma pena, porque existem presentes preciosos bem na nossa frente – na verdade, são tantos que é difícil não considerá-los coisas corriqueiras. Pode parecer piegas, mas a vida é realmente mais rica quando paramos para apreciar as "pequenas" coisas e lembrar (nem que seja só de vez em quando) que estamos cercados por milagres.

MAIS QUE UMA PIADA

Que coisas milagrosas *você* considera corriqueiras? Nós pensamos numa lista de 50 sem nem nos esforçarmos. Mas, como não temos espaço para tantos itens, aqui vão quatro para fazer você pensar:

1. **Antibióticos.** Hoje em dia, uma garganta inflamada ou um corte não são grande coisa, mas durante 300 mil anos os seres humanos morriam de infecções rotineiramente. Os antibióticos estão em uso há apenas uns 90 anos – e sua vida pode ser uma dos 200 milhões que eles salvaram.

2. **Bipedalismo.** Andar em duas pernas liberou nossos braços para outras tarefas, como usar ferramentas, cozinhar, escrever, etc. E

como estamos de pé, não com a cabeça paralela ao chão como os quadrúpedes, enxergamos mais do mundo (além de podermos jogar futebol).

3. **Água potável.** Quase 1 bilhão de pessoas em todo o mundo não tem acesso a água limpa para beber. Você tem? É bem provável que sua água não apenas seja segura para beber como também chegue direto na torneira da sua casa.

4. **Rodas.** Historiadores estimam que a roda tenha sido inventada por volta de 3500 a.C. – mas, no início, só era usada para fazer cerâmica. Cerca de 300 anos depois, alguém fez um carrinho de mão com ela. E há milênios desde então as rodas são essenciais à existência humana.

O que mais você incluiria aqui? Sapatos, olhos, geladeiras, unha dos pés, analgésicos, computadores? Experimente fazer sua lista e veja com outros olhos as coisas "pequenas" da vida.

86

O dinheiro dos outros

"É bom ter dinheiro e as coisas que ele pode comprar, mas de vez em quando também é bom conferir se você não perdeu as coisas que o dinheiro não pode comprar."

– George Lorimer

Um velho estava no leito de morte, cercado pela esposa, os três filhos e a enfermeira. Sabendo que o fim se aproximava, ele disse:

– Carlos, quero que você fique com as casas da orla. Rebeca, você cuida dos prédios comerciais. João, quero que você assuma o centro financeiro. E Sarah, minha querida esposa, fique com todas as lojas e os prédios residenciais do centro, por favor.

E morreu em paz.

A enfermeira, impressionada, foi discretamente até a esposa e disse:

– Sinto muito pela sua perda. Mas a senhora deve ter muito orgulho do seu marido, por ter acumulado tanta riqueza.

– Que riqueza? – retrucou a mulher. – Ele tinha um serviço de entrega de jornais.

LIÇÃO DE VIDA

No mundo moderno, é impossível *não* notar o que as outras pessoas têm (ou parecem ter) nem fazer suposições sobre a vida delas, mas, como nosso pai dizia: "Não se preocupe com o dinheiro dos outros." Primeiro, porque você só está supondo – e provavelmente supondo errado, como a enfermeira da piada. Segundo, porque olhar o que as outras pessoas têm pode ser uma distração que o afasta da sua vida – uma distração que provavelmente só faz com que você se sinta mal (ou falsamente bem) com relação a si mesmo. Permaneça focado na sua vida e faça o melhor que puder com ela. É o que importa.

MAIS QUE UMA PIADA

Algumas dicas para mudar seu pensamento quando você começar a se distrair com o dinheiro dos outros:

1. **Reconheça que a origem do incômodo não está neles, mas em você.** Sua preocupação com o que os outros possuem é sinal de que alguma coisa na *sua* vida precisa de atenção. Olhe mais de perto e pergunte-se por que você se importa com o que outra pessoa tem. Isso talvez te ajude a entender o que você pode fazer para ser mais feliz.

2. **Concentre-se no que você tem, não no que acha que falta.** Quando você começa a olhar mais para as coisas que ama na sua vida, consegue apreciar quanto existe de *bom* nela e se preocupar menos com o que outras pessoas possuem.

3. **Concentre-se na abundância, não na escassez.** Lembre-se de que existe mais do que o suficiente para todos. O fato de outra pessoa ter alguma coisa não impede que *você* tenha alguma coisa também. Você pode ficar feliz por ela sem se privar.

4. **Conecte-se com pessoas que combinam com você.** A conexão social é uma peça fundamental comprovada da felicidade, não importa qual seja sua situação econômica. Cercar-se de pessoas que compartilham seus valores e experiências é um contraponto poderoso à inveja e à distração do materialismo.

5. **Reconheça que ninguém tem tudo que quer, mas ainda assim a vida é sua e você a ama.** Como um "profeta" itinerante que se chamava de Irmão John "pregou" para nós uma vez (é verdade):

"Quando alguém lhe disser que tem inveja de outra pessoa, recite este poema:

Você tem sua vida e eu tenho a minha.
Mas, se elas corressem risco,
Você salvaria a sua e eu salvaria a minha."

87

Pagando a dívida

"Antes de pegar dinheiro emprestado com um amigo, decida de qual das duas coisas você precisa mais."

– Addison Hallock

Dois sujeitos estão sentados num bar quando de repente entram dois homens gritando:

– É um assalto!

Enquanto os ladrões vão de um freguês a outro pegando as carteiras e as joias, um dos sujeitos passa um maço de dinheiro para o amigo e sussurra:

– Aquelas 100 pratas que eu estava te devendo.

LIÇÃO DE VIDA

Todo mundo acaba aprendendo um dia: o dinheiro transforma os relacionamentos. As pessoas em quem você confiaria para praticamente qualquer coisa podem ser imprevisíveis quando há dinheiro envolvido. Elas podem ser benevolentes ou podem tentar se aproveitar de você; não há como saber. E não há exceções: mesmo as amizades mais longas às vezes acabam por culpa de dinheiro. Você deveria, então, evitar emprestá-lo a amigos e familiares? Provavelmente. Mas, se emprestar, fique avisado de que está colocando em risco o relacionamento e *também* o dinheiro.

MAIS QUE UMA PIADA

Cinco coisas que você deve ter em mente se estiver pensando em emprestar dinheiro a um amigo íntimo ou um familiar:

1. **Você pode, sim, negar.** Não se deixe cair na armadilha da culpa: o dinheiro é seu, e só o empreste se estiver certo da sua decisão. Caso ignore aquela vozinha interna dizendo "não", você vai se arrepender e talvez até se ressentir da pessoa. Demonstre solidariedade ("Sinto muito em saber que você está com dificuldades"), mas, se não vai emprestar o dinheiro, diga isso de modo conciso. Explicações longas não ajudam em nada. Se você se sente constrangido e não sabe como se livrar dessa, diga que vai dar uma olhada nas suas finanças e que dá uma resposta depois.

2. **Ofereça outros recursos.** Se não puder (ou não quiser) emprestar o dinheiro, você pode ajudar a pessoa a criar um orçamento, encontrar orientação para crédito, descobrir outra fonte para o empréstimo ou um trabalho extra, ou simplesmente se oferecer para pensarem juntos em alternativas.

3. **Caso você empreste, formalize a transação.** A coisa toda pode degringolar se você não tratar o empréstimo como o negócio que ele de fato é. Faça o acordo por escrito, definindo como será realizado o pagamento, se vai haver cobrança de juros, quais serão as consequências de um atraso nos pagamentos, etc. Com um contrato formal, é mais provável que a pessoa que pediu o empréstimo leve a sério a transação – e também que você receba seu dinheiro de volta.

4. **Fique em cima do devedor.** Você não estará sendo cruel se mandar lembretes ou insistir em pagamentos no prazo, pois foi esse o acordo que os dois fizeram. E, se surgir um problema, resolva-o imediatamente. É fácil demais abusar da amizade e

"esquecer" de pagar ao amigo – a não ser que você deixe claro que espera o pagamento.

5. **Por fim, não empreste o que você não pode correr o risco de perder.** Lembre que, mesmo em se tratando de um amigo íntimo ou um parente, não há garantia de que você vá receber seu dinheiro de volta.

88

A ferramenta errada

"É muito fácil sugerir soluções quando você não sabe muita coisa sobre o problema."
– Malcolm Forbes

Dois sujeitos foram caçar e ficaram perdidos. Não tinham bússola nem sinal de celular e estava escurecendo.

– Sabe – disse um deles –, meu pai sempre falou que, se algum dia eu me perdesse, deveria fazer três disparos para o alto.

E assim ele fez. Os dois esperaram... esperaram... esperaram... mas não veio nenhum resgate.

– É, acho que não funcionou – disse o outro. – Vou tentar.

Então ele atirou três vezes para o alto e os dois esperaram... esperaram... esperaram... mas nenhum resgate chegou.

– O que vamos fazer agora? – gemeu o primeiro sujeito. – Está escurecendo e estamos quase sem flechas!

LIÇÃO DE VIDA

A lição óbvia aqui é usar a ferramenta certa para o trabalho. Ou, melhor ainda: em vez de seguir instruções cegamente, primeiro avalie se entendeu bem o que deve ser feito. Depois, só para garantir, confira se elas realmente vão dar conta do serviço. Como os idiotas da piada demonstram, o fundamental para escolher a ferramenta certa é entender o problema. Se você não sabe o que está tentando fazer, pode acabar atirando flechas para o ar e depois ficar se perguntando por que ninguém veio salvá-lo.

MAIS QUE UMA PIADA

Já esteve numa reunião em que o objetivo era descobrir a solução para um problema específico? A maioria das pessoas se concentra na solução – o que parece lógico, mas é um erro. Pesquisas mostram que o único modo de realmente solucionar um problema é identificando sua causa raiz e descobrindo por que aquilo é um problema. Como disse Darrell Mann, engenheiro-chefe da Rolls-Royce: "Definir um problema com clareza e de modo completo representa 90% da dificuldade." Sem entender a raiz do problema, sua "solução" tem menos chances de sucesso e um risco maior de criar ainda mais problemas.

Para resolver essa questão, a fabricante de automóveis Toyota desenvolveu um procedimento chamado Relatório A3, que revolucionou as técnicas de solução de problemas em todo o mundo (o nome se refere ao tamanho de uma folha de papel com 297 x 420mm).

Como usar o "pensamento A3" para entender seus problemas: dobre a folha de papel ao meio, depois desdobre; do lado esquerdo, descreva o problema, e, do lado direito, o que fazer a respeito. Não existem regras rígidas para a estrutura de um Relatório A3, mas, em geral, do lado esquerdo você coloca:

- O contexto (ou "O que está acontecendo?")
- A situação atual
- Seu objetivo
- Uma análise da raiz do problema

Do lado direito, você coloca:

- Itens de ação (possíveis medidas a tomar)
- Cronograma de implementação das mudanças
- Plano para verificação dos resultados
- Acompanhamento (como verificar se o problema foi resolvido)

Os entusiastas do Relatório A3 (e são muitos) dizem que esse método conta a história de um problema de modo conciso e significativo. Quando você terminar seu A3, terá uma boa ideia de qual é a pergunta, e então as respostas devem começar a chegar.

89

Já chega

"Algumas pessoas são abençoadas
com habilidade musical; outras, com beleza.
Eu fui abençoado com a modéstia."
– Roger Moore

Jesus e São Pedro decidem jogar uma partida de golfe. São Pedro dá a primeira tacada. Ele manda a bola até o meio do gramado, longe do buraco. Jesus dá a tacada seguinte. Ele manda a bola por cima da cerca até a rua ao lado, onde ela ricocheteia numa caminhonete, bate no teto de um velho celeiro e rola para o chão. Um esquilo corre até a bola e tenta comê-la. Uma cobra ali perto dá um bote no esquilo e o engole, com bola e tudo. Uma águia vê a cobra, mergulha e a pega em suas garras. Quando a águia passa voando sobre o gramado, um raio a acerta. Ela larga a cobra, a cobra regurgita o esquilo e o esquilo cospe a bola, que rola direto até o buraco.

Exasperado, São Pedro se vira para Jesus e pergunta:

– Você vai jogar ou vai ficar se exibindo?

LIÇÃO DE VIDA

Por melhor que você seja em alguma coisa, não custa nada manter certa modéstia. Cada situação é diferente, mas em geral as pessoas não gostam de quem fica se mostrando demais. E isso influencia como elas se sentem em relação aos outros… por toda a eternidade.

MAIS QUE UMA PIADA

O que você realmente *mostra* às pessoas quando está se *mostrando*? Você pode até pensar que não tem nada de mais, mas o que os outros veem é o seguinte:

- **Insegurança.** Eles suspeitam que você queira a aprovação deles como substituto da autoconfiança genuína.

- **Arrogância.** Eles sentem que você está tentando diminuí-los ao demonstrar que é melhor.

- **Baixa autoestima.** Eles acham que você está tentando arrancar elogios porque, no fundo, não tem uma opinião muito boa sobre si mesmo.

- **Um pé no saco.** Você quer ser o centro das atenções e está se lixando para as necessidades dos outros.

E se é você que está diante de alguém que adora se mostrar, aqui vai uma dica rápida: ignore. Deixe que a pessoa conte que tem filhos maravilhosos, que ganha rios de dinheiro, que arrasa no golfe. Depois, diga "Legal!" e vá embora.

90

Guarde para você

"Informação demais pode ser tão desconcertante quanto informação de menos."
– Patricia Wentworth

Bob notou que seu amigo Fred, dono de loja, estava chateado.

– O que houve? – perguntou.

– Coloquei um anúncio procurando um vigia noturno – respondeu Fred.

– E não conseguiu nenhuma resposta?

– Ah, consegui, sim. Ontem à noite roubaram a loja.

LIÇÃO DE VIDA

Pedir ajuda sempre deixa você vulnerável de algum modo, porque revela uma fraqueza, por isso tome cuidado com o que revela. Ao pedir ajuda, conte apenas o necessário. Dar mais informações pessoais não vai aumentar suas chances de obter ajuda, só vai fazer com que seja mais fácil alguém se aproveitar de você.

MAIS QUE UMA PIADA

Na atual era de redes sociais e reality shows, as pessoas revelam muito – todo mundo sabe demais sobre todo mundo. Você precisa controlar a *sua* ânsia de revelar demais sobre si? Algumas dicas:

- **Pense antes de falar.** Especialistas dizem que revelar demais sobre si é uma reação à insegurança. Quando você está nervoso por querer impressionar alguém, tentando se mostrar inteligente e interessante, não está direcionando energia mental suficiente para os filtros que controlam o que é dito – e qualquer coisa pode escapar. Assim, quando estiver numa situação em que se importa muito com o que a outra pessoa pensa (um primeiro encontro, uma entrevista de emprego), lembre-se dessa tendência e preste atenção especial no que for falar.

- **Avalie seu ouvinte.** Seja realista: a pessoa tem tempo ou disponibilidade emocional para lidar com uma grande descarga de ansiedade alheia? Se a resposta for não, então guarde para si o que pretendia contar.

- **Mantenha suas informações pessoais no âmbito pessoal.** Assim que você as revela – especialmente nas redes sociais –, não tem como pegá-las de volta. Trate suas informações com respeito; não se torne desnecessariamente vulnerável.

- **Seja cuidadoso em público.** Quando você está num bar ou na fila do supermercado, as pessoas estão realmente ouvindo suas conversas. Fale baixo e tome cuidado com o que diz.

- **Pense no efeito cascata.** Como seus familiares, amigos, colegas de trabalho ou qualquer outra pessoa importante para você vai se sentir descobrindo que você falou demais e revelou coisas sobre eles? Se você acha que eles poderiam se incomodar, é um bom indicativo de que você não deveria falar.

91

O problema não é você, é você

"Se você tomar as rédeas da própria vida, o que acontece? Uma coisa terrível: não terá a quem culpar."
– Erica Jong

Uma psiquiatra está atendendo um paciente pela primeira vez.

– Antes de começarmos – diz ela –, quero fazer alguns testes simples para ter uma ideia melhor do que o incomoda. – Ela então pega uma pilha de cartões e separa um com a figura de um quadrado. – Me diga: o que você vê aqui?

O paciente ri.

– Uma janela. E você não vai acreditar no que está acontecendo lá dentro!

Em seguida, a psiquiatra mostra um círculo.

– E isso?

O paciente dá outro risinho.

– É uma escotilha... E, olha, você nem imagina o que está acontecendo lá dentro!

Então a psiquiatra pega a figura de um triângulo e pergunta:

– E isso?

Agora o paciente está praticamente salivando.

– É uma fechadura – diz ele, ofegante. – E você não faz ideia do que está acontecendo lá dentro!

A médica para e diz:

– Isso basta. Você está nitidamente obcecado por sexo.

– Eu?! E você, me mostrando todas essas imagens de sacanagem?!

LIÇÃO DE VIDA

Não tem como escapar: de tempos em tempos você vai esbarrar em algum sujeito que tentará culpar você pelos problemas *dele*. E, a não ser que você seja um psiquiatra, a pessoa não será um paciente; será um colega de trabalho, um amigo ou talvez até um parente. Não leve para o lado pessoal; lembre que o problema é da pessoa, não seu. E você é quem decide se quer deixar que ela o envolva ou não.

MAIS QUE UMA PIADA

Evitar cair nas armadilhas de alguém que está sempre atribuindo culpas pode ser tão simples quanto estabelecer limites emocionais: é preciso ter uma ideia clara de quem você é e de como se sente (ver Piada 84). Mas os viciados em acusações são nocivos, tóxicos às pessoas ao seu redor, por isso é importante ter estratégias para lidar com eles.

- **Converse.** A maioria das pessoas fica meio sem reação quando é acusada de algo que não fez. Se isso costuma acontecer com você, obrigue-se a ter uma conversa com quem lhe atribuiu a culpa. Fale sobre o comportamento da pessoa e expresse como você se sente com isso. Você provavelmente não vai mudar o jeito dela (embora talvez até mude), mas pelo menos vai se sentir mais no controle da situação.

- **Afaste-se.** Acusadores não são bons ouvintes, então por que se torturar tentando alcançá-los, ainda mais no calor do momento de um confronto? Proteja-se. Diga que vai dar uma pausa na conversa e simplesmente vá embora. Se for uma pessoa querida, ofereça-se para voltarem a conversar alguns minutos depois; se não, siga com sua vida.

- **Admita sua parte no erro.** Considere a possibilidade de realmente ter tido alguma responsabilidade. E se, após refletir, você descobrir que realmente agiu mal, tente usar o incidente para crescimento pessoal. Você talvez não consiga consertar a outra pessoa, mas pode evitar que a situação se repita.

92

Não falei?

"O pessimismo se torna uma profecia autorrealizável.
Ele se reproduz mutilando nossa disposição para agir."
– Howard Zinn

Três tartarugas decidiram sair para fazer um piquenique. Arrumaram um cesto com sanduíches, biscoitos e refrigerantes e partiram numa jornada de 10 dias até o local escolhido. Porém, quando chegaram, perceberam que tinham esquecido de levar um abridor de garrafas. A tartaruga mais velha pediu à mais nova que fosse buscar.

– De jeito nenhum – respondeu a mais nova. – Assim que eu for, vocês vão comer todos os sanduíches.

Para convencê-la, as duas tartarugas mais velhas prometeram esperar até que ela voltasse e assim a jovem concordou. Passou-se uma semana, um mês, um ano. Finalmente, a tartaruga mais velha disse:

– Ah, ela não vem mais. Vamos comer os sanduíches.

De repente, a tartaruga mais nova apareceu de trás de uma pedra, exclamando:

– *Eu sabia!* Agora não vou mais buscar!

LIÇÃO DE VIDA

Às vezes ficamos tão convencidos de que uma coisa vai acontecer que acabamos fazendo com que ela aconteça. Os psicólogos chamam isso de *profecia autorrealizável*. "Conscientemente ou não", explica um especialista, "revelamos às pessoas quais são nossas expectativas. Deixamos várias pistas, algumas delas muito sutis, como uma mera inclinação da cabeça, e as pessoas vão captando". Então elas reagem do jeito que nós "esperávamos" – e interpretamos isso como prova de que estávamos certos.

As profecias autorrealizáveis são especialmente difíceis porque quase nunca percebemos que nós é que as fazemos se concretizar. Mas, se observarmos os padrões na nossa vida, vamos descobrir um fio comum indicando que estamos criando nosso céu ou nosso inferno. Assim que percebemos isso, podemos enfim tomar alguma atitude para mudar.

MAIS QUE UMA PIADA

Não subestime o poder de uma profecia autorrealizável. Estudos mostram que elas têm forças poderosas – tanto positivas quanto negativas – na nossa vida.

- Numa experiência famosa realizada em 1968, foi dito a uma professora que cinco dos seus alunos tinham inteligência excepcional. Na verdade, as notas deles nos testes eram medianas, mas, como foram considerados inteligentes, eles começaram a ter desempenho melhor – e continuaram a se sobressair durante toda a vida.

- Outros estudos demonstraram que pessimismo excessivo cria profecias autorrealizáveis negativas. Num experimento, médicos ficaram pasmos ao descobrir que, quando os pacientes achavam que os analgésicos não funcionariam, acabavam de fato sentindo mais dor, mesmo tomando por via intravenosa uma dose de eficácia clinicamente comprovada. De modo semelhante, os participantes da experiência que acreditavam na eficiência dos analgésicos sentiram uma redução significativa da dor.

• Isso indica que a ideia do "Finja até que se torne real" pode ser um bom conselho. Ao agir como se fosse otimista e confiante, você pode desenvolver uma crença sólida na sua capacidade, e isso vai ajudá-lo a alcançar seus objetivos. Claro que nem sempre funciona, mas há evidências de que há boas chances. Por que não tentar?

93

Questão de equilíbrio

"A pessoa generosa não espera nada em troca. A pessoa que dá demais também não espera nada em troca, só atenção, elogios, carinho e amor incondicional por toda a eternidade."

– Elizabeth Gilbert

Minha esposa é fantástica. Nos poucos anos que estamos juntos, ela já me ajudou a me livrar dos cigarros e do álcool, me fez apreciar música, literatura e artes plásticas, me ensinou a preparar refeições requintadas e a gostar de vinhos finos e me ajudou a melhorar minha aparência. Tudo isso me deu uma tremenda autoconfiança. Por isso, agora quero o divórcio. Francamente, sou bom demais para ela.

LIÇÃO DE VIDA

É fácil falar mal desse sujeito, porque ele está gritando aos quatro ventos que é um babaca egocêntrico. Essa que é a graça da piada, aliás. Mas pense também na mulher, que parece simplesmente dar, dar e dar sem verificar como o que está dando é recebido. Ela parece não perceber que, se a outra pessoa num relacionamento não valoriza nossos esforços, não estamos criando uma conexão forte, mas um desequilíbrio que pode minar a relação.

Um relacionamento é uma via de mão dupla. Procure ver se está havendo uma troca, porque senão talvez você esteja entregando tudo… e pode acabar sem nada.

MAIS QUE UMA PIADA

Você está dando demais? Para descobrir, faça a si mesmo as seguintes perguntas:

1. **Você espera alguma coisa em troca?** Dar é um meio de ser amado ou admirado? Se você não recebe de volta o que deseja, fica se sentindo vazio e sozinho?

2. **Você está negando uma parte sua?** Em vez de cuidar de si mesmo, você está sacrificando suas necessidades emocionais em favor de outra pessoa? E mais: você tem dificuldade para aceitar algo em troca sem se sentir culpado?

3. **Você tem medo de parar de dar?** Você acha que, se parar, as pessoas ficarão infelizes ou vão admitir que na verdade não estão interessadas no que você oferece?

4. **Você se sente compelido a dar constantemente?** Você se pega pedindo desculpas quando não pode dar tanto quanto gostaria?

5. **Você sabe, no fundo, que alguma coisa está errada?** Geralmente sabemos muito mais sobre nós mesmos do que admitimos. Se você suspeita das suas verdadeiras intenções para agir dessa forma, talvez já saiba que está dando pelos motivos errados.

94

Distintivo de otário

"Eu gostaria de comprar você pelo
que você realmente vale e vendê-lo
pelo que você acha que vale.
Ganharia um dinheirão."
– Zora Neale Hurston

Um agente da polícia antidrogas para numa fazenda e diz ao velho agricultor:

– Preciso inspecionar suas plantações para ver se não tem maconha.

– Tudo bem, só não entre naquele campo – diz ele, apontando para a área.

O agente fica injuriado. Mostrando o distintivo, ele grita:

– Escuta, amigo. Este distintivo diz que eu posso ir aonde quiser, em qualquer terra, sem questionamentos. Entendeu?

O velho assente com educação e volta para as suas tarefas. Pouco depois, ouve gritos: o agente está correndo em desespero, sendo perseguido por um touro enorme. O velho larga as ferramentas, corre até a cerca e grita a plenos pulmões:

– O distintivo! Mostre o distintivo a ele!

LIÇÃO DE VIDA

Arrogância e presunção não levam ninguém a lugar algum – no máximo, a grandes furadas. Tudo funciona melhor quando você demonstra consideração, simpatia e respeito pelas pessoas, porque, no fim das contas, por mais autoridade que você acredite que tenha, ainda precisa da cooperação e da boa vontade dos outros.

MAIS QUE UMA PIADA

As pessoas acham você arrogante? Veja estes seis hábitos associados à arrogância e avalie se eles descrevem a realidade:

1. Você é do tipo que vive citando as pessoas "importantes" que conhece.
Possível percepção: você está tentando mostrar que é mais importante do que as pessoas "comuns".

2. Você vive interrompendo os outros durante as conversas.
Possível percepção: você não se importa com o que os outros têm a dizer, acha que seus pontos de vista são mais importantes que os deles.

3. Você chega atrasado o tempo todo.
Possível percepção: seu tempo é mais valioso que o dos outros. Essa percepção é reforçada se você jamais pede desculpas pelos atrasos.

4. Você assume o crédito pelos resultados bons e culpa os outros pelos ruins.
Possível percepção: você precisa estabelecer sua "superioridade" às custas dos outros. Não consegue aceitar que os outros merecem o mesmo reconhecimento.

5. Você usa linguagem corporal "dominadora": caminha com postura presunçosa, invade o espaço pessoal alheio, aponta o dedo para o rosto dos outros, etc.
Possível percepção: você sente prazer em intimidar.

6. Você nunca admite estar errado.
Possível percepção: você se acha mais inteligente que os outros. Não tem interesse em aprender, toda conversa é uma competição que *você* precisa vencer.

95

Largando o hábito

"Fiquei tão sem graça que senti meus nervos se crispando feito bacon no fogo."
– Margaret Halsey

A madre superiora de um convento estava trabalhando em seu escritório num dia quente de verão. O ar-condicionado estava quebrado e ela sentia muito desconforto com o hábito completo, por isso decidiu tirar a roupa e trabalhar nua. Era uma coisa perigosa, mas, afinal, quem iria saber? Alguns minutos depois, ouviu uma batida na porta e outra freira anunciou:

– Madre, um cego veio falar com a senhora.

A freira entrou em pânico, mas então se tocou de que o cego não poderia ver que ela estava nua. Por isso abriu a porta e disse:

– Entre. É um prazer ver o senhor.

O homem olhou para ela e respondeu:

– É um prazer ver a senhora também. Onde quer que eu pendure as persianas?

LIÇÃO DE VIDA

A maioria das situações embaraçosas não é tão extrema quanto a dessa piada, mas, quando é você que fica sem graça, provavelmente se sente tão nu quanto a madre superiora. Infelizmente, não há como desfazer uma gafe, porém, se você enfrentá-la na hora em que acontece, provavelmente vai conseguir reduzir o impacto. Isso também vale se você estiver na posição do "cego". Agindo rápido (e com empatia), você pode ajudar a pessoa constrangida a superar a vergonha. Ela vai ser grata e você vai se sentir bem por ajudar. Não importa como você faça isso: contornar uma situação embaraçosa é bom para a autoestima de qualquer pessoa.

MAIS QUE UMA PIADA

Algum dia você já caiu no meio da rua, ou rasgou a calça, esqueceu o nome de alguém, deixou o carro morrer em um cruzamento, peidou no meio de um monte de gente ou derramou uma bebida? Essas são algumas das situações mais embaraçosas para a maioria das pessoas. Confira algumas dicas para contornar uma – ou qualquer uma – delas:

- **Mantenha a calma.** Um dos motivos para as situações embaraçosas serem tensas é que elas despertam a ansiedade de *outras* pessoas. Se você conseguir reduzir a ansiedade dos outros, terá boas chances de reduzir o impacto imediato da sua gafe.

- **Recorra ao humor.** Um estudo científico de 2012 mostrou que a melhor maneira de aliviar uma situação embaraçosa é com humor. Rir de si mesmo admite o constrangimento, alivia a tensão e ao mesmo tempo permite que as pessoas saibam que você não está levando aquilo muito a sério (o que significa que *elas* também não precisam levar). "Você não precisa ser um comediante profissional para saber como usar o humor numa situação incômoda", diz um psicólogo. "Um simples 'Nossa, que vergonha!' já resolve."

- **Peça desculpas.** Se você fez alguma coisa *para* alguém, um pedido sincero de desculpas pode consertar a situação. Mas desculpas excessivas podem ser contraproducentes, pois não permitem que você (ou a outra pessoa) deixe o constrangimento para trás, além de não parecerem genuínas.

- **Mude de assunto.** Se você fez alguma coisa embaraçosa mas ninguém prestou muita atenção – ou isso não incomodou ninguém, só você mesmo –, tente mudar de assunto em vez de chamar atenção para o incidente. A maioria das pessoas tem a atenção curta e não está nem aí para você. Mas lembre: ignorar uma situação embaraçosa só funciona com incidentes pequenos.

96

Cada um na sua

"Eu estou por dentro da galera que está 'por dentro'.
E sei o que a galera 'por dentro' sabe."
– Letra de "The 'In' Crowd", de Billy Page

Um homem da cidade grande está viajando pelo interior do país e entra num bar. Ele está tomando uma cerveja quando alguém entra no salão apinhado e grita:

– Esse pessoal de direita é um bando de cavalos!

Os clientes do bar cercam imediatamente o sujeito, dão uma surra nele e o jogam na rua.

O homem da cidade não acredita no que acabou de ver, mas nem consegue comentar nada com o atendente porque logo entra outro sujeito, que grita:

– Esse pessoal de esquerda é um bando de cavalos!

Os clientes cercam o segundo sujeito, dão uma surra nele e o jogam na rua.

O homem da cidade fica perplexo. Ele se vira para o atendente:

– Não entendi. Vocês são de esquerda ou de direita?

– Nem uma coisa nem outra – responde o barman. – É que nós gostamos de cavalos.

LIÇÃO DE VIDA

Você pode não saber a que grupo determinada pessoa pertence, mas pode ter quase certeza de que ela se identifica com algum grupo. Estudos mostram que grande parte do nosso senso de identidade social decorre da conexão que temos com os grupos – e também a conexão que não temos com outros grupos.

Em termos práticos, isso significa que você pode descobrir muita coisa sobre aquilo em que as pessoas acreditam – e como vão se comportar – simplesmente sabendo a que grupos elas pertencem. E, se você souber qual é o interesse de um determinado indivíduo, pode deduzir com que grupos esse indivíduo se identifica.

Isso não é totalmente garantido, já que ninguém é tão previsível assim, mas os valores que conectam uma pessoa ao "seu" grupo são uma janela bastante precisa para sua vida interior. Ignorá-los pode ser um risco.

MAIS QUE UMA PIADA

No final da década de 1970, dois psicólogos ingleses, Henri Tajfel e John Turner, apresentaram a *teoria da identidade social* para explicar o comportamento de grupos humanos. A hipótese deles era: fazer parte de um grupo é um elemento fundamental da existência humana, não é algo forçado ou superficial. Tajfel e Turner descreveram a "experiência de pertencimento" como um processo em três estágios:

1. **Categorização social.** Primeiro, colocamos as pessoas em categorias definíveis: negro, branco, latino, cristão, muçulmano, deficiente, proletário, executivo e por aí vai. Não há significado especial nisso, é apenas parte da tendência humana a categorizar tudo ao redor com o objetivo de tornar as coisas compreensíveis. É também o início da percepção das pessoas como membros de grupos, não como indivíduos. Nesse ponto, no entanto, não há conflito entre os grupos.

2. **Identificação social.** É quando começamos a nos identificar abertamente com um grupo específico (ou com grupos específi-

cos) – o "endogrupo". Já os grupos dos quais não fazemos parte são agora os "exogrupos". Começamos a adotar as normas e atitudes do endogrupo, nos vestindo, agindo e falando como os outros membros do grupo.

3. **Comparação social.** É quando as coisas começam a se complicar. Nossa autoestima se liga ao status do grupo. E, já que não há como avaliar esse status a não ser em comparação com outros grupos, partimos para estabelecer a superioridade do endogrupo... e a inferioridade dos exogrupos. Minimizamos as diferenças entre os membros do endogrupo e exageramos as diferenças em relação aos exogrupos.

Esse processo *pode* levar a preconceito e discriminação, mas não é determinante. Se sentimos que a sociedade é justa e legítima, temos mais probabilidade de nos dedicarmos a melhorar o status do nosso grupo desenvolvendo suas características positivas do que denegrindo outros grupos. Somente quando sentimos que o sistema é injusto temos mais probabilidade de nos tornarmos competitivos com relação aos outros grupos, desafiar o status quo e tentar realizar mudanças políticas e sociais.

97

Onde foi que eu deixei minha memória?

"Você não se lembra do que aconteceu.
O que você lembra se torna o que aconteceu."
– John Green

Um casal de idosos vai ao médico para investigar por que os dois vêm tendo problemas frequentes de esquecimento. Depois de examiná-los, o médico diz:

– Fisicamente, vocês estão com a saúde ótima, mas, se precisam de ajuda com a memória, podem tentar deixar bilhetes para si mesmos, como lembretes. Muitas pessoas dessa idade fazem isso.

Naquela noite, enquanto estão vendo TV, o marido se levanta e a mulher pergunta aonde ele vai.

– Vou à cozinha pegar um copo d'água – responde ele.

– Pode aproveitar e pegar um pouco de sorvete para mim?

– Claro. De baunilha?

– É, mas acho melhor você anotar.

– Não preciso anotar. Você quer sorvete de baunilha, não é?

– É. Com calda de morango e chantili. Quer anotar?

– Não preciso anotar. Você quer sorvete de baunilha com calda de morango e chantili – confirma o marido, e vai até a cozinha.

Vinte minutos depois, ele volta à sala trazendo para a esposa um prato de ovos fritos com bacon.

– Ei! – exclama ela, inconformada. – E as torradas que eu pedi?

LIÇÃO DE VIDA

Muitos pensam que a perda de memória é problema de gente velha. Não há dúvida de que nossa memória piora à medida que os anos passam, mas pesquisadores estão descobrindo que na verdade ela não é tão boa quanto pensamos. A ciência provou que todos nós inventamos pelo menos parte do que "lembramos" e, depois, não sabemos a diferença entre o que inventamos e o que aconteceu de verdade. Assim, não importa sua idade, é melhor você não confiar completamente na sua memória – mesmo que tenha *certeza* de que ela é confiável.

Portanto, não leve muito a sério se alguém insistir que se lembra de algum acontecimento com mais exatidão que você. É bem provável que nenhum dos dois se lembre de maneira fiel. Só escolha a "memória" que funcione melhor para os dois e vá em frente.

MAIS QUE UMA PIADA

Cientistas afirmam que um terço da nossa perda de memória tem causas genéticas, o que significa que ainda podemos influenciar os outros 66% com alguns truques bastante fáceis. Separamos quatro medidas simples que podem ajudar você a se recordar de algo com mais exatidão:

1. **Concentre-se na lembrança por pelo menos oito segundos.** Esse é o tempo mínimo para seu cérebro "codificar" (apreender) alguma informação. Crie um ambiente em que você possa se concentrar intensamente durante pelo menos esse tempo. Evite distrações. Segundo vários especialistas, "o tempo em que você presta atenção às informações pode ser o fator mais importante a determinar quanto você vai lembrar".

2. **Relacione a lembrança a outras.** Estudos demonstram que temos mais chances de reter informações novas se as relacionarmos

a algo que já saibamos. Por exemplo: você tem mais probabilidade de se lembrar do que vê numa foto se ela tiver sido tirada num lugar aonde você já tenha ido, ou de se lembrar de um endereço se relacioná-lo a alguma rua que você já conheça.

3. **Use a técnica de agrupar.** A maioria das pessoas só consegue reter de quatro a sete itens na memória de curto prazo, mas podemos aumentar a quantidade de informações contidas nesses itens agrupando várias informações em um único item. Por exemplo: um número de telefone com oito dígitos pode ser lembrado como uma palavra ao usarmos as letras correspondentes no teclado do aparelho.

4. **Use todos os seus recursos.** Envolva mais sentidos no processo. Você vai lembrar melhor se conectar a informação a cheiros, sabores, texturas e cores.

98

Trabalho dos sonhos

"Descobri que minha vida fica muito mais fácil se eu mantiver mais baixa a expectativa de todo mundo."
– Bill Watterson

Um recém-formado está se candidatando a um emprego numa grande empresa e o entrevistador pergunta qual é a expectativa de salário dele.

– Eu estava pensando em 10 mil – responde o candidato. – Talvez mais, dependendo da generosidade dos benefícios de vocês.

– Hum. Que tal o seguinte: vamos começar com 12 mil, com o melhor plano de saúde, incluindo dental, dois meses de férias por ano e direito a usar o carro da empresa: um Mercedes novinho em folha.

– Uau! – reage o candidato. – Está brincando?

– Sim. Mas foi você que começou.

LIÇÃO DE VIDA

A não ser que você peça o que deseja, certamente não vai conseguir, portanto é bom mirar alto. Mas há uma linha tênue entre um objetivo ambicioso e um exagero constrangedor. Quando seus objetivos estão obviamente fora da realidade, eles podem se voltar contra você. Tal como o entrevistador da piada, as pessoas não vão levar a sério nem você nem suas ambições. Numa escala maior, expectativas pouco realistas podem distorcer sua visão do que é realmente possível de alcançar, impedindo-o de encontrar satisfação no trabalho ou nos relacionamentos. Portanto, seja ambicioso, sim, mas com cautela. Suas expectativas definem suas interações com o mundo, e, se elas não forem razoáveis, só tornarão sua vida mais difícil.

MAIS QUE UMA PIADA

O mais difícil de tornar suas expectativas mais realistas é descobrir quais delas são irreais – ainda mais se forem de longa data. Algumas sugestões para te ajudar:

- **Finja que está aconselhando outra pessoa.** Provavelmente você vai conseguir avaliar suas expectativas com mais objetividade se imaginar que elas são de um parente ou amigo íntimo, não suas. Seja tão honesto consigo mesmo quanto seria com a outra pessoa.

- **Suas expectativas são rígidas demais?** As expectativas realistas mudarão junto com as circunstâncias. Se você não consegue ajustar suas expectativas quando algo inesperado acontece, é bem provável que elas não sejam realistas.

- **Examine os resultados.** Expectativas irreais são impossíveis de se concretizarem – daí o "irreais". Resultado: você vai sempre se frustrar. Assim, se você está sempre se frustrando com alguma coisa, considere-a irreal.

99

Primeiro o mais importante

"Quanto mais velho fico, mais sabedoria encontro na antiga regra de fazer primeiro o que é mais importante, um processo que com frequência reduz o problema humano mais complexo a uma proporção administrável."
– Dwight D. Eisenhower

Um homem compra um papagaio, mas fica desapontado ao descobrir que ele não fala. Ele volta à loja para reclamar.

– Talvez ele precise de estímulo – diz o dono da loja, e sugere que o homem coloque um espelho na gaiola, para que o papagaio consiga se ver.

O homem experimenta, mas o pássaro continua sem falar. Ele volta de novo à loja. O dono sugere colocar uma escada e um sino na gaiola, de modo que o papagaio possa subir e tocar o sino. O homem experimenta, mas o pássaro continua sem falar… e ele volta outra vez à loja. O dono sugere colocar um tentáculo de lula na gaiola, para que o papagaio tenha algo para bicar. O homem experimenta, mas o pássaro não fala… por isso ele retorna à loja.

– Não sei o que dizer – desculpa-se o dono. – Talvez ele simplesmente não fale mesmo.

Desapontado, o homem volta para casa, mas quando passa pela porta, ouve o papagaio falando. Alcança a gaiola bem a tempo de ouvir o bicho dizer suas últimas palavras, com o que lhe resta de forças:

– Aquela porcaria de loja não vende comida para pássaros?

LIÇÃO DE VIDA

Será que alguém realmente esqueceria algo tão óbvio quanto alimentar seu animal de estimação? Bom, pense na sua vida. Com que frequência você perdeu de vista prioridades simples e, sem querer, "matou" algo importante? Não existe limite para a quantidade de coisas que você pode estragar quando erra as prioridades – desde esquecer de pagar uma conta até implodir um relacionamento romântico.

Assim, primeiro o mais importante: aprenda a definir prioridades. O sucesso – e às vezes até a sobrevivência – depende disso. É uma habilidade essencial que pode ser aplicada a praticamente tudo que você tentar fazer – e que, em última instância, reduzirá o número de "papagaios" que você precisará enterrar.

MAIS QUE UMA PIADA

Existem muitos sistemas para estabelecer prioridades, mas todos incluem dois passos básicos:

1. **Criar uma lista.** Comece com uma lista de todas as coisas que você quer ou precisa realizar. Por enquanto, não as coloque em ordem de importância; isso vem mais tarde. Alguns especialistas recomendam listar *qualquer coisa* que ocupe tempo, inclusive todas as tarefas rotineiras e todos os itens da agenda. Sugerem também que você faça a lista antecipadamente – por exemplo, se for uma lista diária, escreva hoje a lista de amanhã. Motivo: é muito mais difícil fazer uma lista boa quando estamos distraídos com novas demandas.

2. **Organizar suas tarefas.** Geralmente isso implica separá-las por urgência e importância (urgente = precisa de atenção imediata). Por exemplo:

- CMI. Um sistema sugere escolher as três "CMI" (Coisas Mais Importantes) da lista para fazer primeiro. Quando essas estiverem terminadas, você pode passar para outras tarefas à vontade, como uma espécie de bônus. No dia seguinte, se for uma lista diária (ou na semana seguinte, se for semanal), escolha três novas CMI. Alguns especialistas recomendam escolher entre elas algo que te ajude a levar adiante um objetivo de longo prazo.

- Princípio de Pareto. Também chamado de regra 80-20: a observação geral de que "a maioria dos resultados decorre de uma minoria de causas". Aplicado à priorização, isso é traduzido como "20% do seu trabalho são responsáveis por 80% do seu resultado". Assim, o essencial é identificar seus 20% mais produtivos e tornar esses itens suas prioridades máximas. Uma maneira de estreitar as opções é ficar se perguntando: "Se eu pudesse fazer só uma tarefa da minha lista, qual seria?"

- Método Eisenhower. Nomeado em referência ao ex-presidente americano Dwight Eisenhower, que fazia suas listas de tarefas desenhando quatro quadrantes com as legendas Urgente e Importante, Importante mas não Urgente, Urgente mas não Importante e Não Urgente nem Importante. Depois, ele colocava cada tarefa da lista inicial no quadrante apropriado e assim conseguia ver quais eram suas verdadeiras prioridades. O autor James Clear simplifica o processo chamando os quadrantes de "Fazer (Fazer agora), Decidir (Agendar para fazer), Delegar (Quem pode fazer para você?) e Deletar (Eliminar)".

100

E no fim...

"Se a princípio você não tiver sucesso, tente, tente outra vez. E aí desista. Não tem por que insistir feito um idiota."
– W. C. Fields

Um sujeito leva a namorada para jantar no country clube. É um local incomum: há várias filas, uma para cada tipo de comida. Quando a namorada se senta, o sujeito se oferece para pegar o jantar dos dois. Primeiro espera na fila do rosbife; depois, na da batata; depois, na dos legumes, na do pão e na do molho. Ele volta à mesa com dois pratos cheios de comida.

– O que você quer beber? – pergunta.

– Uma limonada seria ótimo.

Ele vai buscar. Encontra uma fila para vinho, uma para cerveja, uma para refrigerantes e até uma fila para leite. Depois de um tempo, ele desiste.

LIÇÃO DE VIDA

Às vezes simplesmente não há um desfecho.

"O humor é apenas mais uma defesa contra o universo."

– Mel Brooks

Agradecimentos especiais a Max Hittesdorf, Irving Lubliner, Jay Newman, Sophie Musa, Gene Burnett, John Dollison, Maggie, Sharon, Lorrie B., Pony Espresso (vulgo "o escritório"), Suzie Bolotin e nosso editor americano, Bruce Tracy, o "Sr. Paciência".